JN232032

学力テストで測れない

非認知能力が子どもを伸ばす

中山芳一

東京書籍

はじめに

私は、第二次ベビーブーム（団塊ジュニア）世代から2年後の１９７6年1月に誕生しました。まだまだ子どもの人口は多く、少子化ともほど遠かった時代……。そして、「受験戦争」という言葉も生まれるほど入学試験による競争が激化の一途をたどっていた時代……。

そんな私の小中学生時代では、周囲の人たちが「○○くん（さん）って頭いいよね」と口にしているのをよく耳にしてきました。「頭がいい？」いや、それは「頭がいい」ではなく「勉強ができる」もしくは「テストの成績がいい」ってことではないだろうか!?……などとよく思っていたものです。当時から勉強の成績がふるわなかった私にとって、ともすれば負け惜しみのように聞こえてしまいがちですが、それでもやはり頭の良さは決して勉強（テスト）の出来・不出来と同義ではないと、子どもながらに確信していたものでした。

それでは、「頭の良さ」とは一体何なのか？　例えば、たくさんある情報から必要とされるものだけを選び取り（情報選択力）、それらを筋道立てて考え（論理的思考力）、わかりやすく伝えることができる（伝達力）。例えば、多くの人たちが「こうに違いない」と思っていることに対して、別な視点から多面的にとらえ直し（多面的思考力）、適切な判断をすることができる（判断力）。例えば、これまで行われてきたことから問題になっている点を見出し（問題発見力）、その問題を解決するための手立てを組み立て（問題解決力）、実際に行動へ移すことができる（行動力）。また例えば、既存の物事をつくり変えたり、まったく新しい物事をつくり出したりできる（創造力）。現代では、これらも「頭の良さ」として注目されるようになってきました。

しかし、私の子ども時代には、これらの力を学校教育においてテストなどで測定する機会はなかったため、なんとなく（暗黙的に）評価されることはあるものの、「頭の良さ」はやはり知識をいかにインプットできているのかが数値化されたテストの結果で評価されがちだったといえるでしょう。

ところで学校教育といえば、２００８年の学習指導要領（文部科学省）で掲げられた「生きる力」の中に、「思考力・判断力・表現力」が明記されるようになり、10年後の２０１８年にはさらに「学びに向かう力・人間性」までが加えられるようになりました。明らかに、私の小中学生時代とは異なった要素が生きる力や学力といわれるものの中に含み込まれるようになり、私たちはこれまで以上に「頭の良さ」を広くとらえ直すことが求められ始めています。

そして、先ほど「例えば……」で挙げた様々な力に加えて、他者と意思疎通（コミュニケーション）を図りながら、他者と協調・協働できる力（社会性）が求められたり、自らに自信を持ち、あきらめることなく自分自身を高めていこうとする力（向上心）が求められたり、誰かを幸せにしたい、社会をよりよくしたいと思える力（貢献心）が求められたり……ますますテストでは単純に数値化できない力まで明記されるようになったわけです。後で詳しく説明しますが、いわゆる「非認知（的）能力」と呼ばれる力のことです。

いま、国家レベルでこのような数値化困難な非認知（的）能力が、学校教育をはじめとして求められるようになってきたのです。私の小中学生時代に多くの人たちがとらえてきた「頭の良さ」ではなく、私が子どもながらに漠然ととらえてきた「頭の良さ」へと世の中が移行しているのではないかとさえ思えてなりません。

もしそうであるなら、私たちの年代を筆頭とした世代の親も教師も子どもの育ちに携わる様々な大人たちも、これまでの経験から拘束されてきた力のとらえ方を大きく変えていかなければならないでしょう。いまの子どもたちに求められる力、いまの大人たちが子どもたちから引き出したい力は、すでに変わってきているのですから……。

本書は、これからの時代を生き抜く子どもたちのために、大人たちが目を覚ますきっかけにしていただけたらと書き綴りました。そこで、先ほど紹介した非認知（的）能力を手がかりに、それは一体どんな力なのか？ そして、いま、なぜこの力が注目を集めているのか？ さらには、どうやってこの力を引き出していけばよいのか？ といった問いについてお答えできればと思います。

また、幸いなことにすでに子どもたちを取り巻く環境の中で、子どもたちの非認知（的）能力を引き出すための支援に懸命に取り組んでいる実践者たちもいらっしゃいます。そんな実践者たちの挑戦についてもご紹介していきます。本書が読者のみなさんのこれからの子育てや教育、児童福祉などに少しでもお役に立てれば幸いです。

２０１８年11月

中山芳一

目次

第Ⅱ章

子どもの育ちと非認知能力

第Ⅲ章

非認知能力の育ち方・育て方

第Ⅳ章 非認知能力を育てるための実践例 ―大人たちの挑戦―

第V章
大人たちも非認知能力を！

第1章

知っていますか？　非認知能力

ガイダンス

「わんぱくでもいい、たくましく育ってほしい」

1970年代の丸大ハムのCMで流れていたフレーズです（丸大食品株式会社）。いまから約40年前でさえこんなフレーズが特別な意味を持っていたのですね。

あえて言い換えてみるなら……。

①「わんぱくでもいい」＝「頭でっかちでなくてもいい」

②「たくましく育ってほしい」＝「しっかりと生きていく力を身に付けてほしい」

……といったところでしょうか？

この頃から、すでに②のような力を子どもたちに望む流れがあったことがうかがえます。しかし、この「たくましさ」といった②のような力は難しくもあります。何をもって「たくましさ」というのか？（身体的な）健康のこと？（精神的な）自立のこと？人によってイメージする「たくましさ」はきっと違ってくるのではないでしょうか。

イメージが人によって違ってくれば、当然この力をどうやって育てることができたのかもわかりにくくなります。つまり、この力を「点数」にすることの難しさです。ただでさえイメージが違うのに、点数にするための「ものさし」となるともっとバラバラになってしまいますよね。例えば、「漢字をどれだけ知っているか？」とか「2桁同士のかけ算をミスなく何問解けるか？」とか……こうした語彙力（国語）や計算力（算数）であれば、イメージやものさしがはっきりしているので、いま、どれぐらいの力が身に付いているのかをわかりやすく点数にできます。先ほどの力とはずいぶんと違ってくるわけです。

さて、このようにイメージやものさしに違いが出やすく、点数にできにくい力のことを本書のタイトルでもある「非認知能力」と呼ばれるようになりました。そして、もう一方のイメージやものさしに違いが出にくく、点数にできやすい力のことを「認知能力」と呼ぶようになりました。このガイダンスでは、これら漢字ばかりの能力のことをもっと親しみやすく言い換えることにしましょう。

「非認知能力」は、点数に出して測定することが難しい力であるため、『測りにくい力』とします。逆に「認知能力」は、点数に出して測定することが容易な力であるため、『測りやすい力』としましょう。このように言い換えると、次ページの表1の通りに整理することができます。

【表1：測りにくい力と測りやすい力】

測りにくい力	非認知能力	点数（数値）化して測定することが困難な力
測りやすい力	認知能力	点数（数値）化して測定することが容易な力

それでは、この測りにくい力にはどのような力があるのでしょうか？　これまで言われてきた力の代表的な例を紹介しておきます。

○コミュニケーション力（他者とやりとりできる力）
○思いやり・共感性（他者の立場や思いに立てる力）
○忍耐力（がまんする力）
○自信・自尊感情（自分をプラスにとらえる力）
○意欲（前向きにがんばろうとする力）
……などなど

このように測りにくい力には、ほかの人と自分との関係の中で必要とされる力や、さらには地域社会との関係の中で必要とされる力、そして、自分自身の内側（感情や意欲、物事のとらえ方や自信など）から自らを高めようとする力などが挙げられます。他人も社会も自分自身も常に変わり続けるために、これらとの間で求められる力も変わり続けなければなりません。だからこそ、決まった（固定化した）イメージとものさしで測ることが難しいわけです。ちなみに、こうした力のことを専門家の中には「社会情動的スキル（能力）」と呼ぶ人もいます。

また、測りにくい力のことを「新しい能力」と呼ぶ人もいます。21世紀という時代だからこそ求められる力……というメッセージが伝わってきますが、先ほどの丸大ハムのCMにもあったように、実は21世紀になったから新しく求められ始めたわけではありません。そのため、ここでは「新しい」と呼ばずに、もっとシンプルに「測りにくい」と呼びました。

しかし、どうして「新しい能力」と呼ばれているのか、その理由について私たちは知っておくことも必要でしょう。ともすれば、これからの時代の大きな変化とも関係してくると考えられます。

さて、次ページから、これらについてみなさんと共有していきましょう！

1．非認知能力という力

（1）非認知能力ってなに？

「非認知能力」を世界で初めて提唱したのは、2000年にノーベル経済学賞を受賞したジェームズ・J・ヘックマン（シカゴ大学・経済学者）です。彼は、アメリカのミシガン州にあるペリー幼稚園で実施されていた就学前プログラムの研究を行っていました。このプログラム自体は、アメリカの心理学者ワイカートらによって経済的な貧困層に該当する幼児を対象に実施されていたのですが、ヘックマンはこのプログラムを提供された子どもとそうでない子どもとを成人（実際には40歳）まで追いかけて、収入や学歴、さらには犯罪率まで調査をしました。

すると、両者を比較した結果から、プログラムを受けた子どもの方が年収や学歴は高く、犯罪率は低いことがわかったのです。ヘックマンは、この要因としてＩＱの高さではなく、プログラムの中で得られる数値化が困難な力、つまりは非認知能力の獲得・向上にあると気づきました。ちなみに、ヘックマンは経済学者ですから、最終的にはペリー就学前プログラムによって納税者人口は増え、刑務所等の費用は減るという経済効果の有効性に言及したのです。

さて、ヘックマンによって提唱された非認知能力は、その後アメリカだけでなく多くの先進国で注目を集めることとなりました。もちろん我が国も例外ではありません。非認知能力または「非認知的能力」という言葉で重要性が理解され、次第に保育や教育の分野に浸透してきたのです。認知しにくい力、すなわち試験のような機会を設けて点数化・数値化することが困難な力です。例えば、他者とコミュニケーションをとり協調や協働をするための力、自分自身で自らを勇気づけて挑戦や努力をするための力、自分の感情をコントロールして我慢や持続をするための力などのことを意味しています。一方で、点数化・数値化をしやすいＩＱや知識量、知識の活用力などは認知能力または「認知的能力」と呼ばれています。

このように点数化・数値化によって認知しやすいかどうかという「認知⇔非認知」に加えて、もう一つの意味もあります。それは、理性的な側面を持つ認知的な能力と理性的というよりもむしろ情動的な側面を持つ非認知的な能力という意味です。後で紹介しますが、情動的な側面を持つ非認知能力として「社会情動的スキル」が提唱されています。このように非認知能力をとらえると、その時々の状況・環境やこれまでの経緯、そして自分自身の内面（感情など）に左右される力、言い換えれば文脈依存的な力（複数の要素が関連・影響する中で発揮される力）といえるでしょう。「非認知」には数値化困難という「非認知」と情動的で文脈依存的な「非認知」という二重の意味があるのです。

そして、情動的で文脈依存的だからこそ、数値化困難でもあるという関係になっていることがわかります。

（2）非認知能力は以前からあった力

さて、このように非認知能力をとらえると、これまでにはなかった「新しい力」として位置づけにくいこともわかります。例えば、表2の通り我が国では「人間力」などの非認知的（数値化困難かつ文脈依存的）な力について、すでにその重要性を提唱してきました。さらに、各省庁でも様々な力が提唱されてきたのです。それでは、一体どれが本当の非認知能力なのでしょうか？　誤解を恐れずにいえば、どれもがすべて非認知能

【表2：我が国が提唱してきた様々な力】

名　称	機関・プログラム	出　典	年
生きる力	文部省（当時）	中央教育審議会答申『21世紀を展望した我が国の教育の在り方について―子供に［生きる力］と［ゆとり］を―』	1996
人間力	内閣府	経済財政諮問会議『人間力戦略研究会報告書』	2003
就職基礎能力	厚生労働省	『若年者就職基礎能力修得のための目安策定委員会報告書』	2004
社会人基礎力	経済産業省	社会人基礎力に関する研究会「中間とりまとめ」	2006
基礎的汎用的能力	文部科学省	中央教育審議会答申『今後の学校におけるキャリア教育・職業教育の在り方について』	2011

力に該当することになるでしょう。

(3)海外でも注目されている非認知能力

今度は、海外へ目を向けてみましょう。アメリカや日本も含めた35か国で結成される国際機関OECD(経済協力開発機構)では、2015年に「社会情動的スキル(Social and Emotional Skills)」を提唱しました。図1はベネッセ教育総合研究所が邦訳したもので、「①目標を達成するための力、②他者と協働するための力、③情動を制御するための力」の3つの力を総称していることがわかります。

またOECDは、この社会情動的スキルが高まることによって、知識の獲得や知識をアウトプットするための認知的スキルも相互作用的に高まると提起しているのです。先ほどの「非認知能力≒社会情動的スキル」とすれば、非認知能力の獲得・向上によって認知能力の獲得・向上にプラスの効果を発揮することになります。

ちなみに、社会情動的スキルは心理学領域で頻繁に用いられる「性格特性BIG5」

【図1：OECDによる社会情動的スキルと認知的スキルのフレームワーク】

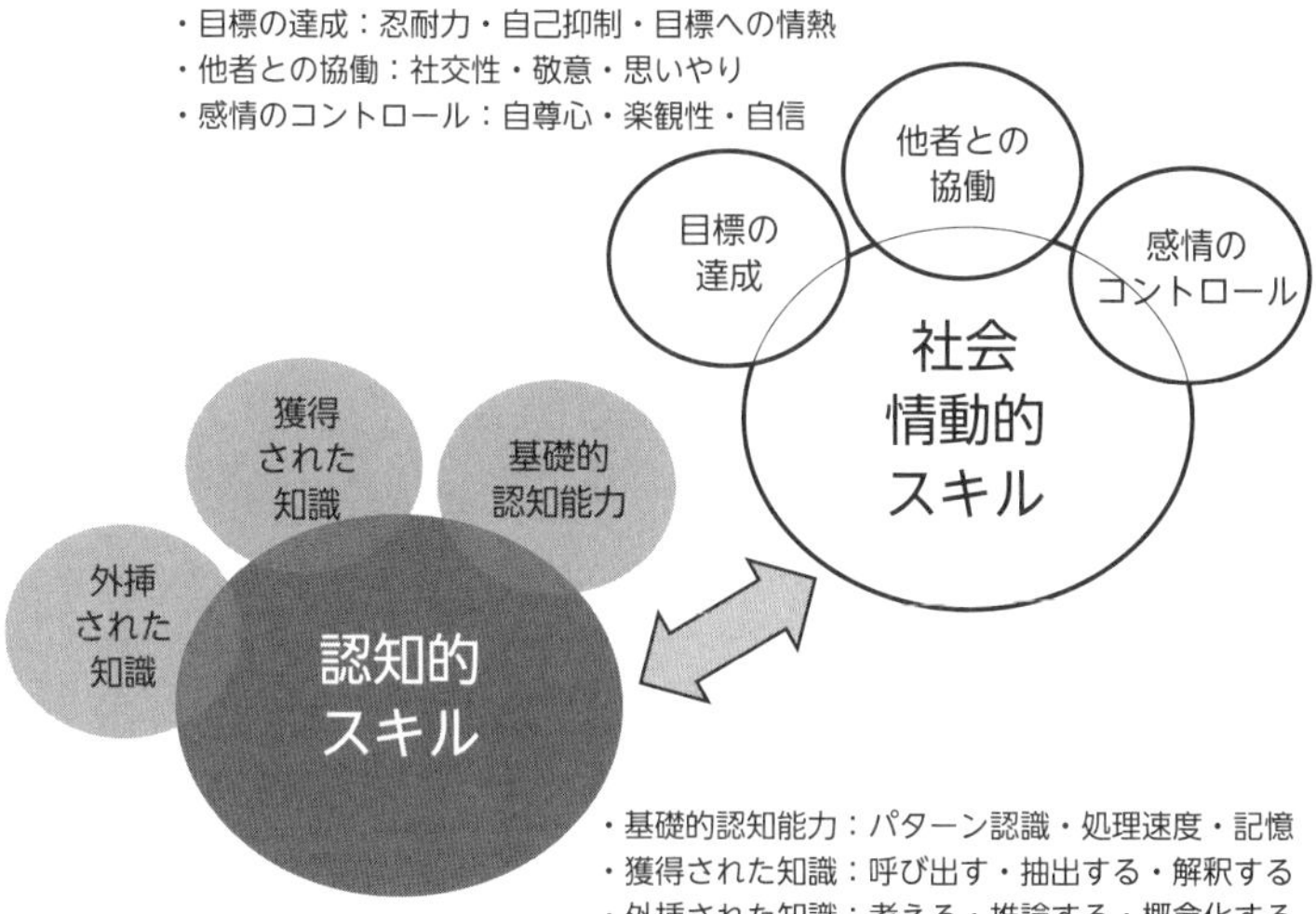

出典：『社会情動的スキル』OECD著、ベネッセ教育総合研究所企画制作、明石書店2018

に基づいて考案されています。この性格特性BIG5は、アメリカの学校教育で行われてきた「キャラクター・エデュケーション」という教育プログラムにも多大な影響を与えてきました。

また、アメリカでは責任感や思いやりを育むための「社会性と情動の学習（Social and Emotional Learning）」も学校教育で取り組まれてきました。これらを我が国の学校教育科目に敢えて置き換えると、いずれも道徳教育と近い内容であり、アメリカの非行や少年犯罪を予防するために、1990年代から積極的に導入されてきた経緯があります。ここでもおわかりの通り、非認知能力がこれまでになかった新しい力であるとは決して言い切れないわけです。

さらに各研究領域に目を向けてみましょう。まず、自分の感情を知覚してコントロールするための力を「こころの知能指数」としたピーター・サロベイとジョン・D・メイヤーらによる「EQ（Emotional Intelligence Quotient）」の研究があります。次に、柔軟な心の持ちようが人生の成功をもたらすと提起したキャロル・S・ドゥエックらの「（グロース）マインドセット」の研究があります。そして、幼児期の自制心がその後の人生に影響を与えると提起したウォルター・ミシェルの「マシュマロテスト」もあります。他にも、物事に持続して取り組むための忍耐力の重要性を提起したアンジェラ・ダックワースの「グリット」の研究。「好奇心・持続性・柔軟性・楽観性・冒険心」を持つことで、人生の8割にも及ぶ予想できない偶然を計画的に設計できると提起したジョン・D・クランボルツの「計画された偶発性理論」の研究もあります。これらは代表的な非認知能力研究といえるでしょう。やはり、我が国だけでなく国際機関や海外の学校教育及び教育学・心理学研究において非認知能力はすでに提起されてきましたし、実際に研究に取り組まれてきたのです。

（4）なぜ、いま非認知能力なのか？

それでは、いま、なぜこれほどまでに注目を集めるようになったのでしょうか？　我が国のように認知能力の高い子どもを「頭の良い子」と位置づけ、学歴社会よろしく過度に認知能力へ期待感を抱いてきた国々にとってみれば、この対極にあるのが非認知能力です。

しかし、OECDが提唱したように、本来なら認知能力か非認知能力（社会情動的スキル）かと対極の関係をつくるのではなく、相互作用的な関係にしていかなければなりません。だからこそ、現状が数値化でき成長・変化が客観的にわかりやすい認知能力に加えて、数値化が困難で成長・変化が客観的にわかりにくい非認知能力に対しても明確な意識づけが促され始めたといえます。

もちろん、前述した通りこれまでも様々な視点から提起されてきたことです。しかし、アメリカの学校教育で取り組まれてきたように非行や犯罪の防止といった動機からだけではなく、これからの時代を見据えたときに世界規模で非認知能力が重要視されているというメッセージがあるのではないでしょうか。そう、「これからの時代」に……です。

2．これからの時代に求められる非認知能力

(1)4半世紀前と4半世紀後

いまからおよそ25年前といえば私は、まだ大学生になったばかりの頃でした。そのときの私たちの手には、ポケットベル（通称：ポケベル）が握られていたものです。外出先で誰かのポケベルにメッセージを送るためには、緑色の公衆電話ボックスへ向かい、テレホンカードを入れてポケベルセンターへ電話をするわけです。

例えば、恋人へ「あいしてる」とメッセージを送りたいなら、「11（あ）、12（い）、32（し）、44（て）、93（る）」と入力します。母音と子音を数字の組み合わせで表現するという素晴らしい方法でした。しかし、2018年の現代において多くの人たちがこのような方法で相手にメッセージを送らないでしょうし、何よりも外出先で公衆電話ボックスを見つけることが至難の業となってきました。

現代の私たちにはスマートフォン（通称：スマホ）があり、いうなれば一人に1台ネ

ットワークを完備した片手サイズのパソコンが手に入ってしまったのです。当時の私は、25年後にこのような現状が待っているなど到底予想できず、大学を卒業する頃にはモノクロ画面の携帯電話（通称：ガラケー）を手にしてその便利さに歓喜していたわけです。

さて、現在18～19歳の大学生たちが、いまの私の年齢になるのは25年後です。およそ西暦2045年頃となります。彼ら彼女らが40歳を超えているとき、スマホの先にある「何」を手にしているのでしょうか？　いや、最早手にする必要がなくなっているのかもしれません。

2045年とは……人工知能（AI）などの科学技術が飛躍的に革新した結果、世界が「シンギュラリティ（技術的特異点）」を迎えると

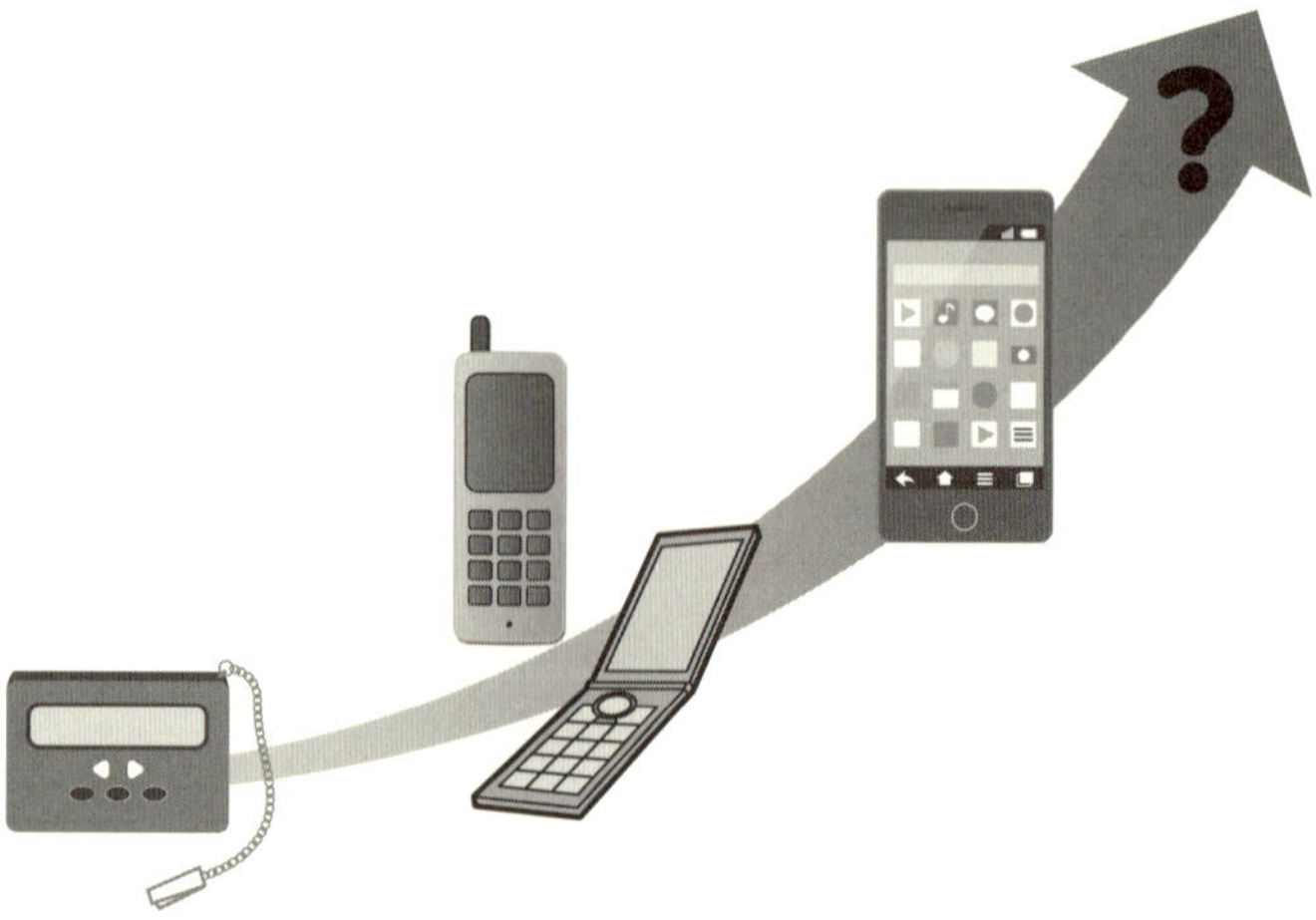

25年前　　25年後

予想されている年です。ともすれば、２０４５年よりも時期的にはさらに早まるともいわれるようになりました。すでに、私たちはビジネスからプライベートに到るまで身近に人工知能やＩｏＴ（様々な物とインターネットとのつながりによって得られる有益なこと）などがあり、これらの恩恵を得られるようになっています。

また、わたしたちの働き方にもすでに変化が始まっています。ネットワークさえあれば、どこでも仕事ができる人たちのことを「ノマド（遊牧民の意味）」と呼ぶようになってから、10年近くの月日が流れました。学校現場でも、eラーニングに加えて、ＩＣＴ（情報通信技術）を活用した教育方法が盛んに開発されるようになりました。

そして近年では、何よりも「ＡＩによって仕事が奪われる時代」といった危機感が煽られ始めています。このような「これからの時代」は、クラウス・シュワブによる第３次産業革命の後の「第４次産業革命（次ページの図２）」に象徴されています。同時に、我が国の内閣府は、狩猟社会、農耕社会、工業社会、情報社会を経た５つ目の新しい社会「Ｓｏｃｉｅｔｙ５・０（次ページの図３）」として表すようにもなりました。

【図2：第1次産業革命から第4次産業革命まで】

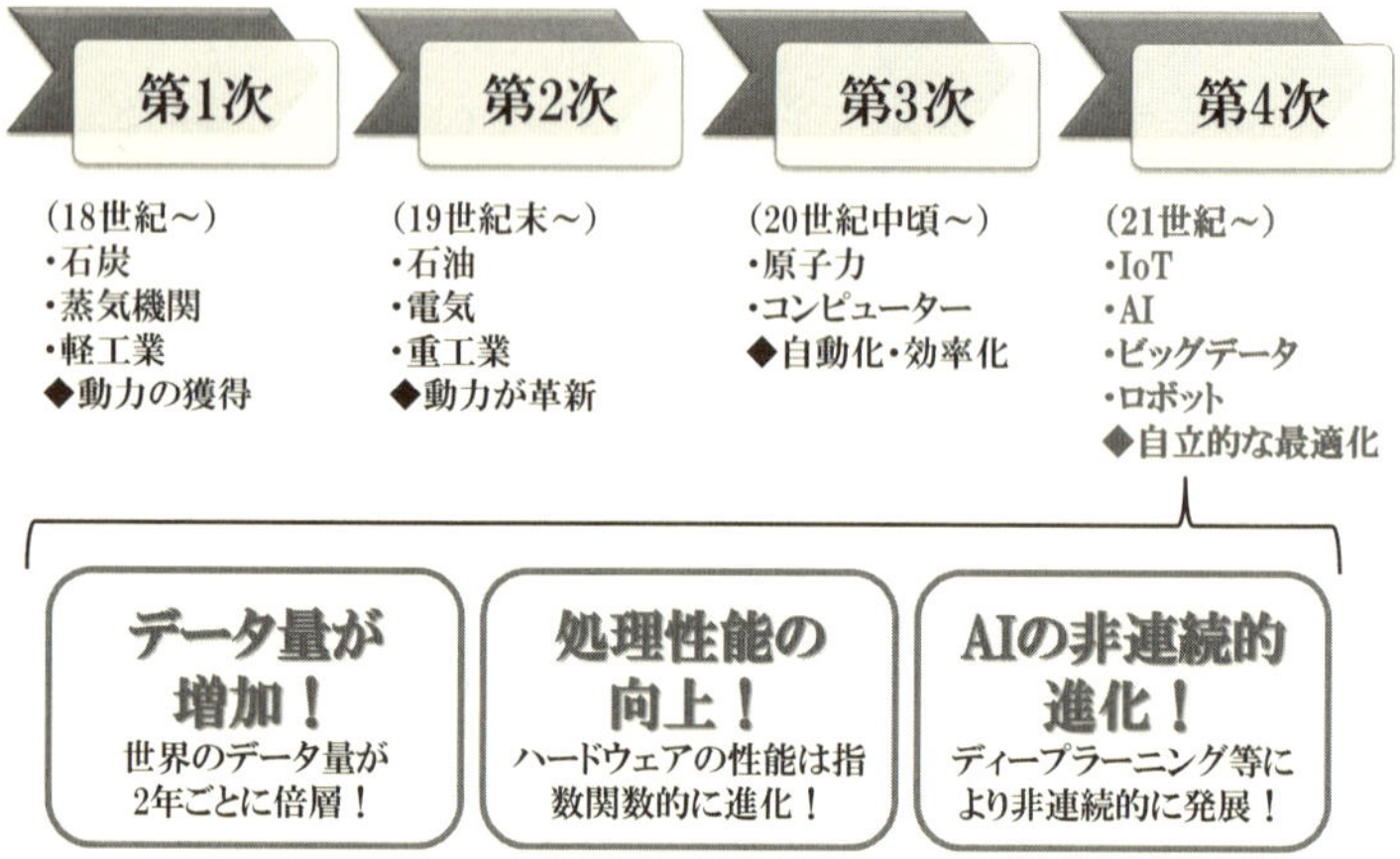

【図3：Society 5.0】

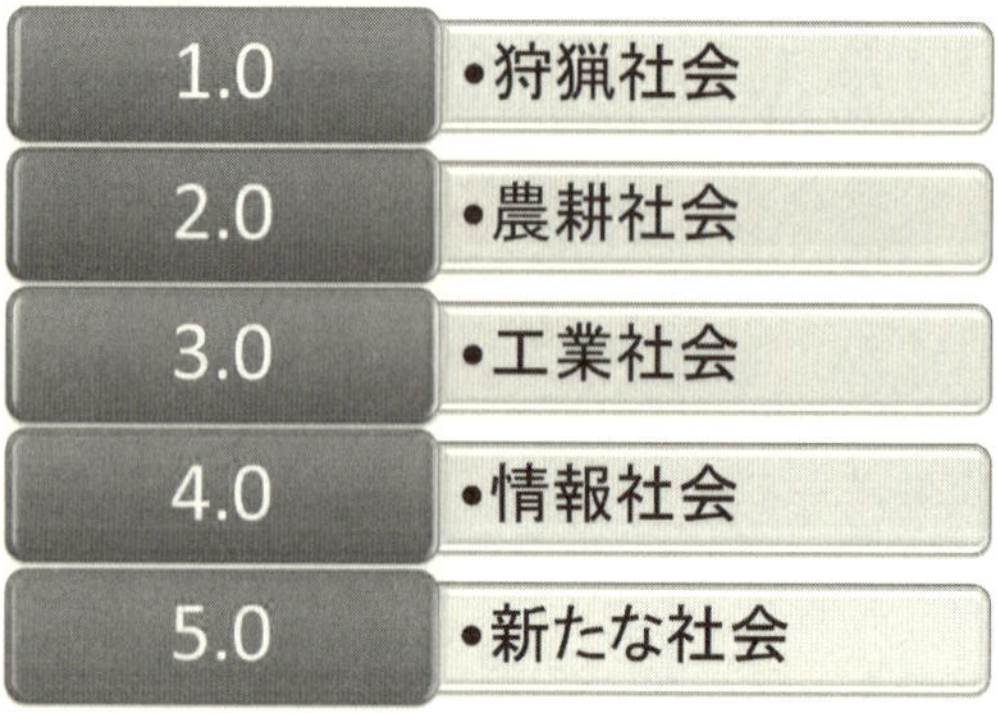

図2、図3ともに、経済産業省および内閣府のデータをもとに作成

（2）人工知能（AI）と共存・協業するために……

「AIによって仕事が奪われる時代」については、落合陽一氏の提起を参考にしてみましょう。彼は、AIに仕事を奪われるという後ろ向きな発想ではなく、AIと人間が共存・協業していくという前向きな考え方を示しています。そのためにも、私たち人間には何ができて（得意で）、AIには何ができる（得意な）のかを的確に把握しておかなければなりません。

例えば、物質的な身体を持つ人間は、AIのように敢えて機械を有しなくてもできることがあります。一方で、四六時中、状況や情報を正確に管理して、的確な指示を出せるような能力は、多くの人間たちよりもはるかにAIの方が優れているでしょう。このことを落合氏は既存の就業構造を用いて説明しました。

つまり、現場実践・実働クラスは人間が、管理・指示クラスはAIが担うことで協業が可能になるという構図です。さらに、彼は人間に「クリエイティブ・クラス」の役割を提起しました。人間だからこそ、誰かを幸せにしたい、世の中をよりよくしたい……などの意欲を持つことができ、そのために創造力を発揮することができるという考え方です。ＡＩは、確かに知識と知識を組み合わせて、新しい知識を生み出せる（ディープラーニング）ようになりましたが、前述した意欲や創造力は人間の専売特許ともいえるでしょう。

私は、このクリエイティブ・クラスと共に「グローバルクラス」についても提起しておきます。グローバルとは、別に外国語を身に付けていることを指しているわけではありません。人間だからこそ、もっと学びたいという意欲や学びに対する謙虚さを持ち得ます。

また、誰かとつながりたいという意欲や協調性も持てるようになるから、新しい世界へ飛び出したり、人間関係を拡げたりできるのです。これこそがグローバルの本質です。このグローバルクラスも含み込んだ役割を私たちが果たすとするなら、次ページの図４のような協業の構造になります。この構造がつくり出せれば、これまで管理・指示クラスにいた人たちは、その役割をＡＩに委ねることができます。

そして、例えばいま以上に地球温暖化の問題をどのように解決すればよいのかなどについて、献身的に考え、実行する役割を担えるようになるわけです。

【図4：人間とAIによる協業の構造】

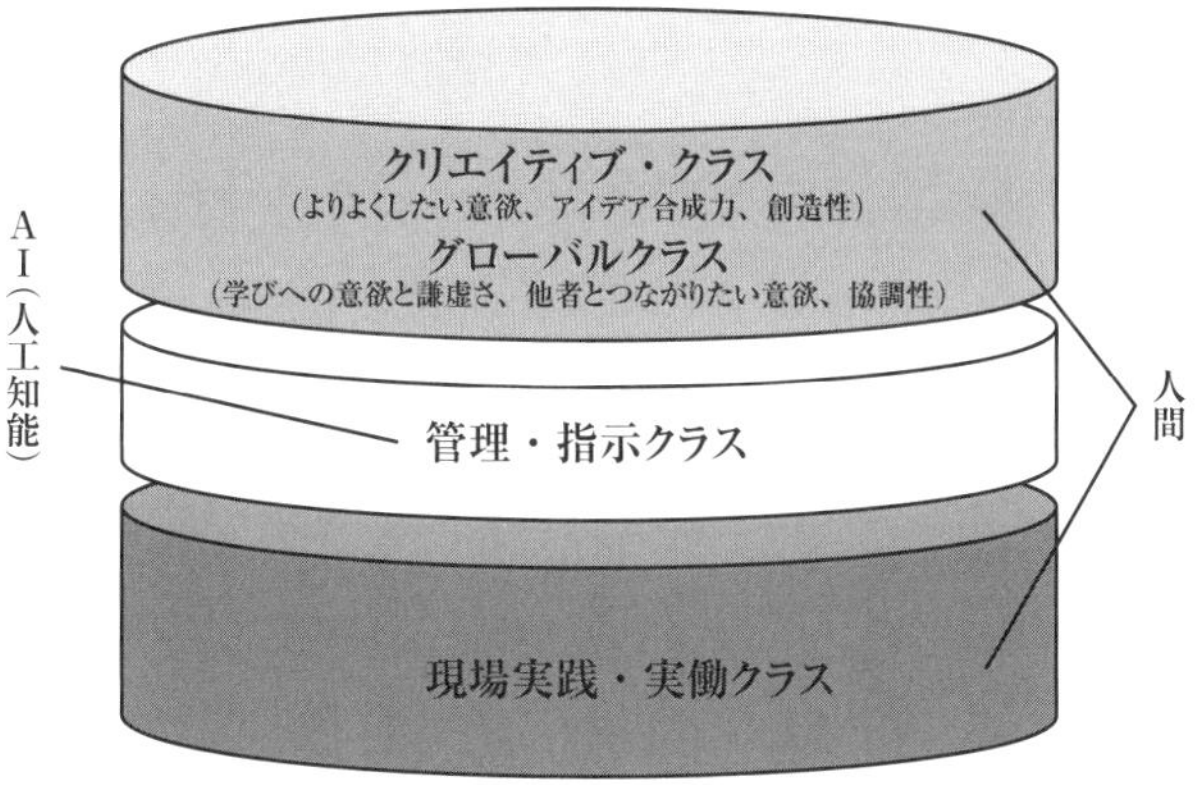

このように、これからの時代における私たち人間の役割をとらえたとき、これまで我が国が重視してきた知識偏重の教育や学歴社会で対応できなくなるのは火を見るより明らかです。

そして、遅くともあと25年先にはこれが必至の状況になると予測されているのです。そのため、勤務時間を重視してきた労働は生産性重視の労働に変わり、年功序列ではなく能力や成果で評価され、終身雇用ではなく労働移動が円滑にできるような時代が求められ始めています。

だからこそ、いまの子どもたち（大人も含めて）は、自分で主体的・自律的にキャリアを切り拓いていくための能力の獲得・向上が必要不可欠になってくるのです。

（3）そして「人生100年時代」

さらに、これからの時代といえば「人生100年時代」を迎えることも忘れてはならないでしょう。リンダ・グラットンとアンドリュー・スコットによる『LIFE SHIFT－100年時代の人生戦略』で提起された「人生100年時代」は世界的なインパクトを与えました。そして、周知の通り我が国の平均寿命は男女ともに80歳を超えるようになり、2007年生まれの子どもたちの半数が100歳以上生きるともいわれています。この人生100年時代を生きていくためには、時代の変化に対応できることが必要で、そのためにも学びに対して謙虚であり、学び続ける力の獲得・向上が求められるのです。大人といわれる人たちはもちろんのこと、これからの時代を生きる子どもたちに求められるのは言うまでもありません。

だからこそ、これまでも大切だといわれてきた力を、敢えて非認知能力や社会情動的スキルとして言語化することで、私たちの共通言語になり始めていると考えられます。私たちがイメージしてきた「未来」は、アニメや漫画の中ではなく、すでに目の前の現実にあることを改めて認識しなければならないのです。

そして、世界が変化すれば社会も変化して人間の役割も変化していきます。したがって、人間に求められる能力も変化し、そのための教育のあり方も変化しなければなりません。これからは、子どもを有名大学へ行かせるために認知能力ばかりを身に付けさせる時代でもなければ、大人になって一流企業に入社し定年退職まで勤め上げることが「勝ち組」になる時代でもないのです。まずは、大人たちがこの認識を変えていきたいものです。

3．学校教育や保育の場での非認知能力

（1）21世紀の学習者に求められることは？

これからの時代を視野に入れたとき、認知能力に加えて非認知能力の獲得・向上が必須になってきています！　だからこそ、決して新しい力というわけではないものの、非認知能力という力が我が国や世界各国で注目され始めていることを説明してきました。

それでは、このような流れの中で我が国の教育はどのような方向に向かっているのでしょうか？　ちなみに、先ほどのＯＥＣＤとは別にアメリカに拠点を持つＣＣＲ（Center for Curriculum Redesign）という21世紀における幼稚園から高校までの教育のスタンダードを再設計することによって人間の能力を拡大し、集団的な反映をもたらすことを目指した国際的組織があります。このＣＣＲでは、第４次産業革命を迎えシンギュラリティに向かっていくこれからの時代を不安定（Volatility）で、不確実（Uncertainty）で、複

【図5：CCRによる教育の4次元】

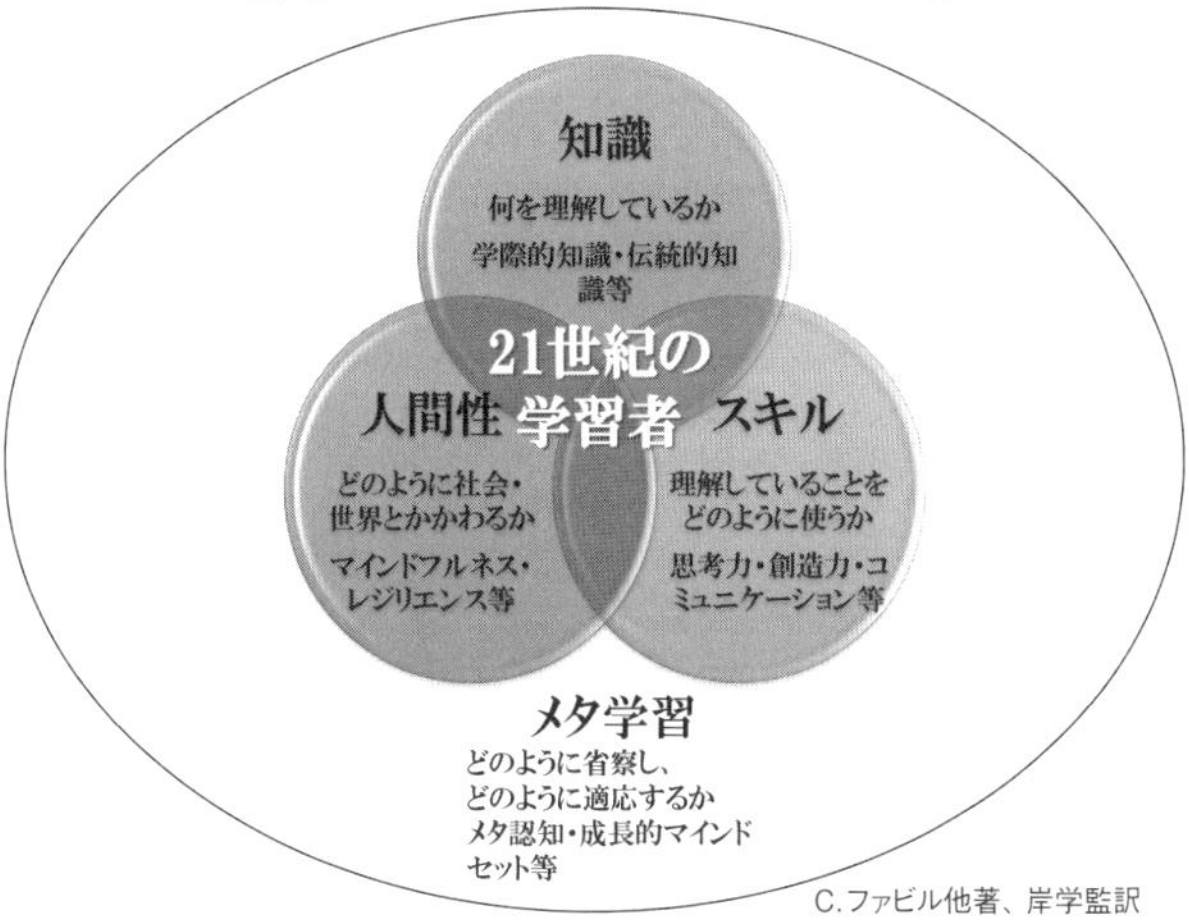

C.ファビル他著、岸学監訳
『21世紀の学習者と教育の4つの次元』
（北大路書房）をもとに作成

雑（Complexity）で、不明確（Ambiguity）な時代ととらえており、これらの頭文字から、「VUCA（ブーカ）時代」と呼んでいます。そして、このVUCA時代に突入した21世紀の学習者像として、図5のように非認知能力もまじえた「教育の4次元」を2015年に提唱しました。

「教育の4次元」では、知識を獲得し、獲得した知識を活用できるスキルを高めるだけでなく、社会の一員として自らの適切な役割を果たそうとする人間性も有していくことが、学習者には必要だとしています。さらに、4つ目として知識やスキル、人間性を高めていくためには、自分と周囲の状況とを俯瞰してとらえるこ

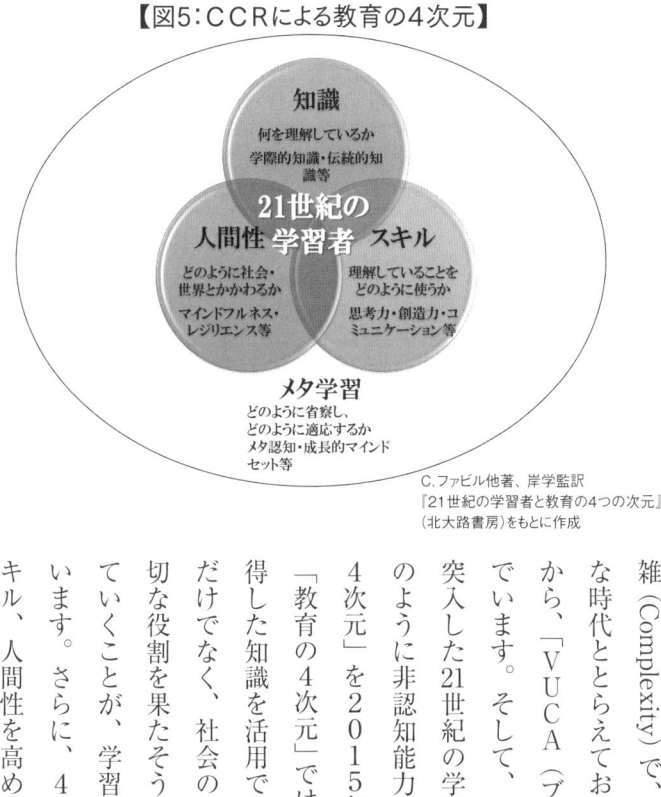

【図6：我が国の学習指導要領における生きる力】

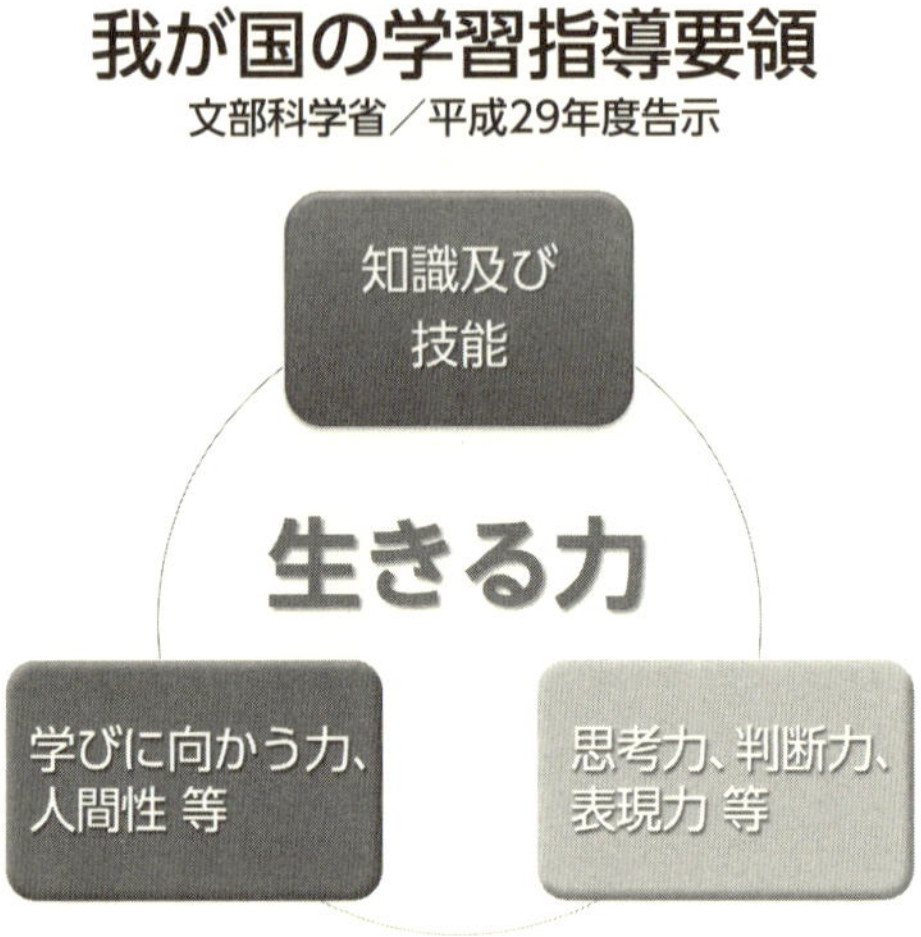

とで、状況に応じて自分の言動や姿勢を調整するためのメタ学習の必要性も示唆しています。メタ学習については、第Ⅲ章で詳しく説明しますが、それ以外の3つについては平成29年度告示の学習指導要領（図6）とも大いに重なっていることがわかります。

つまり、CCRが提唱した通り我が国の学校教育もまたこれからの時代を生きる子どもたちのために、認知能力だけでなく非認知能力を高める学校教育へと移行し始めているのです。

ところで、この学習指導要領で示された生きる力の3要素の中で、どれが非認知能力といえるでしょうか？ こ

【図7：認知―非認知から見た生きる力の3要素の関係】

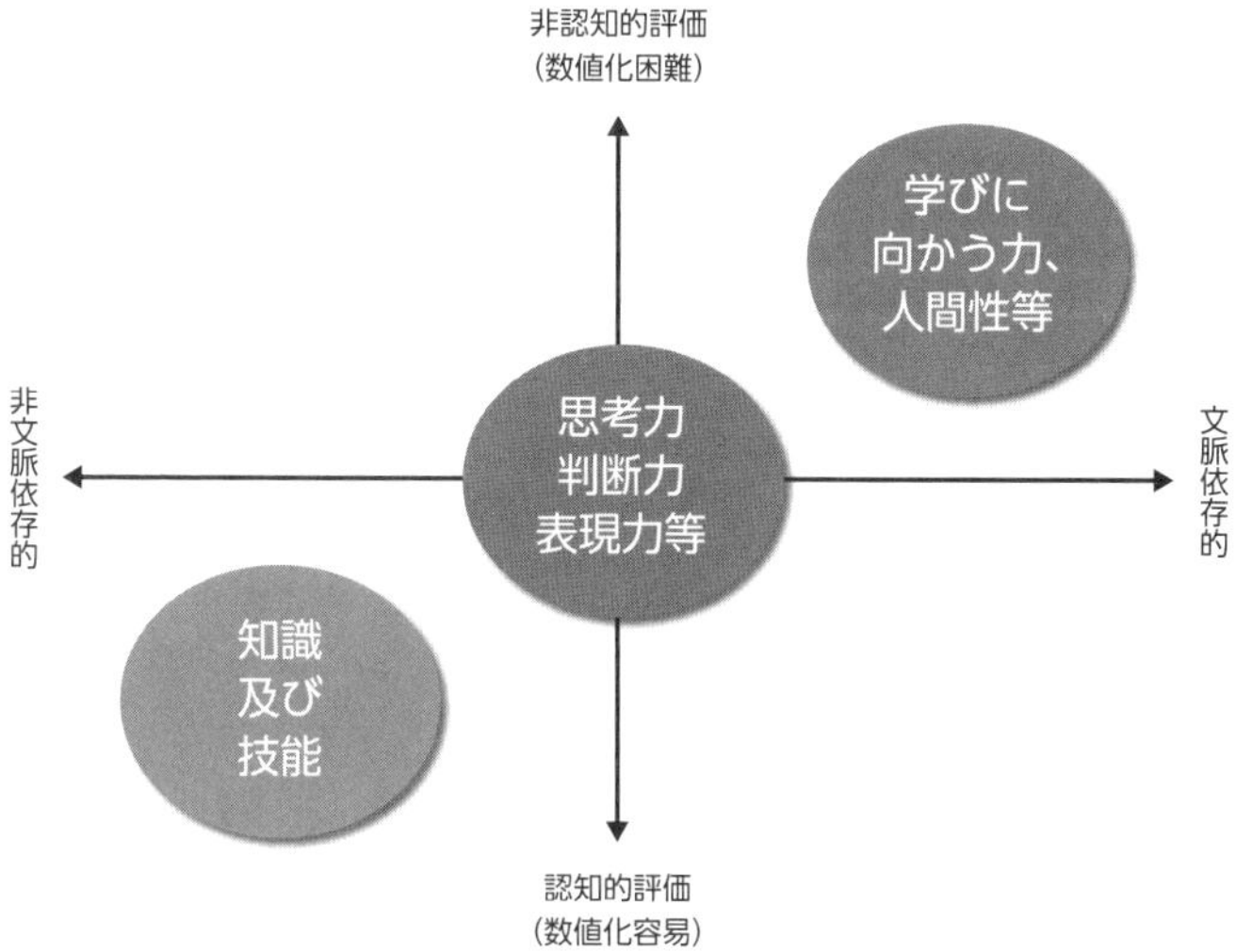

の３つの要素を図７のように示してみました。右上の「学びに向かう力、人間性等」は、数値化困難で文脈依存的な非認知能力であることがわかります。敢えて言い換えるなら、先ほどのＯＥＣＤによる社会情動的スキルに近いものとしてとらえることができそうです。

また、左下の「知識及び技能」は数値化が容易で文脈依存的ではない（非文脈依存的な）認知能力といえます。そして、真ん中の「思考力、判断力、表現力等」の思考系能力は数値化ができるような、数値化が難しいような中間的な位置づけとなるでしょう。

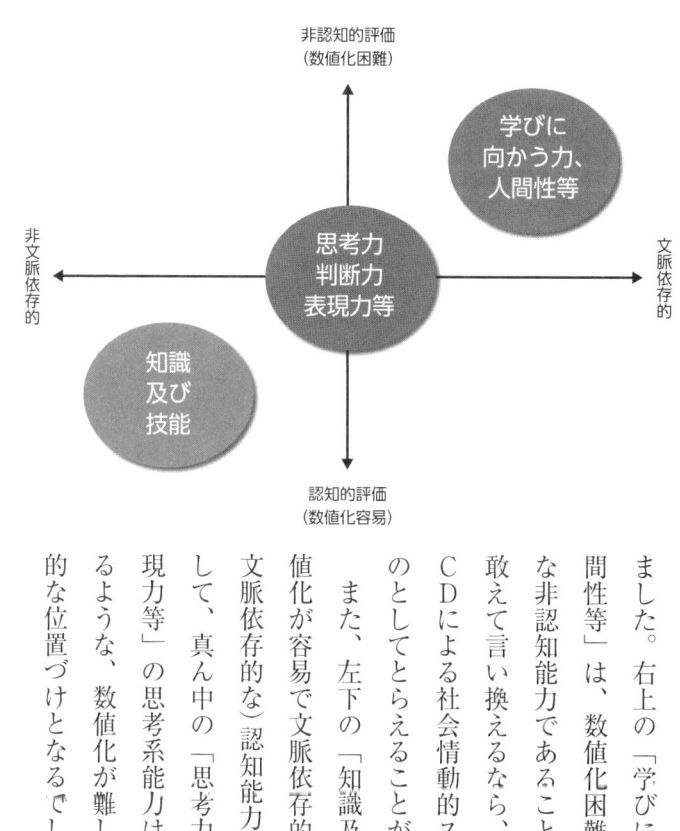

（２）だから、教育のあり方も変わってくる

いずれにしても、こうした方向性に伴って非認知能力の評価は、２０２０年からの大学入試改革が象徴するように、今後の入学試験などに反映されることが予想できます。いや、すでに反映された入学試験も実際に生まれてきているのです。

例えば、論述形式の試験問題の増加、グループディスカッションやこれまでの経験を踏まえたプレゼンテーション及び面接の導入などは代表的な例といえるでしょう。これまでの知識インプット型の学習だけでは対応困難なハードルを子どもたちに課すことで、非認知能力も含めて評価されるようになり始めているのです。そのため、以前はアクティブラーニングといわれていた「主体的で対話的な深い学び」が学校教育の中で導入されるようになり、プロジェクト（またはプロブレム）・ベースド・ラーニング（ＰＢＬ）やサービス・ラーニングと呼ばれるような企画開発型（または問題解決型）や社会連携型の授業を積極的に取り入れる学校も増えてきています。

（3）これからのキャリア教育にも期待を

その中でも、学校教育ではキャリア教育についてさらなる強化が図られようとしています。2011年には、大学や短期大学などの高等教育機関でキャリア教育が義務付けられるとともに、職業教育とキャリア教育とを区別した上で、中学校の職場体験学習などのジョブキャリア教育だけでなく、人生や生き方にも焦点を当てたライフキャリア教育にも力点を置くことが示されてきました。

そして、2018年には各教科を横断したキャリア教育の実現や授業に加えて、課外活動なども含めて記録に残す「キャリアパスポート」の導入によって、キャリア教育をさらに強化していこうとする我が国の姿勢が明確になりました。もともとキャリア教育で子どもたちに獲得・向上させたい力は、次ページの図8の通り社会的・職業的自立に向けて必要な基盤となる力、すなわち「基礎的・汎用的能力」であると位置づけられており、この能力もまた非認知能力になるわけですから、現在の時代的な背景からもキャリア教育の強化は必然といえるでしょう。

【図8：キャリア教育を通じて獲得させたい能力】

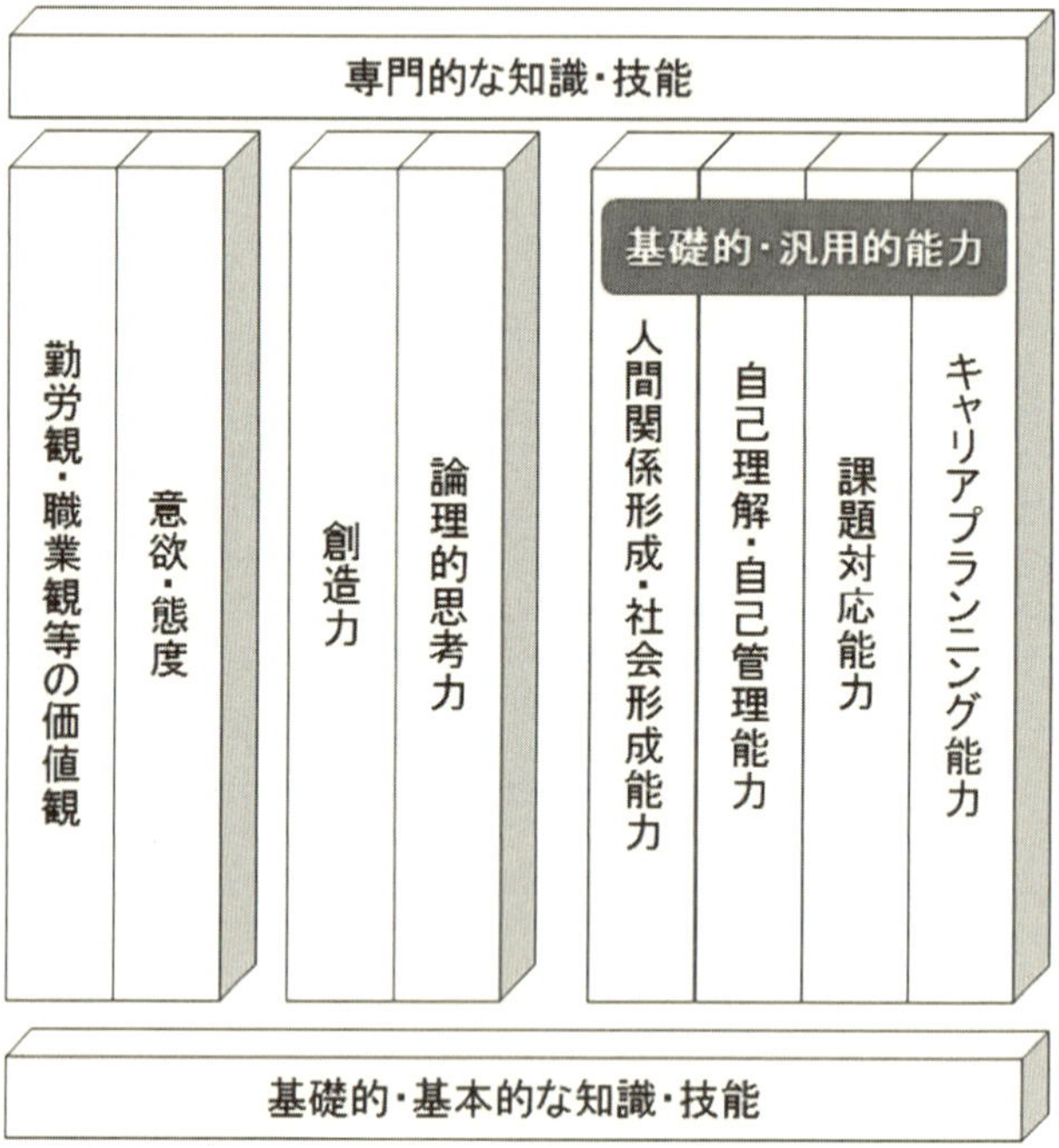

出典：文部科学省中央教育審議会答申（2011年）

（4）保育所ではもともと非認知能力を育ててきた

また、保育の領域でも非認知能力や社会情動的スキルに注目が集まっており、「保育所保育指針」（厚生労働省、2018年）に示された次ページ枠内の下線部（筆者による）から見ても非認知能力の基礎を身に付けていく重要性を掲げていることがわかります。もともと保育五領域（健康、人間関係、環境、言葉、表現）の中には、従来から人間関係領域などがあるように学校教育以上に早くから非認知能力（または社会情動的スキル）を獲得・向上するための取り組みがなされていたといえるでしょう。

同様に、学童保育所（放課後児童クラブ）においても「放課後児童クラブ運営指針」（厚生労働省、2015年）によって「自主性、社会性及び創造性の向上」（下線部は筆者）を育成支援の基本として掲げていることからも、小学生の放課後でも子どもの非認知能力向上の支援が求められていることがわかります。

このように、これからの時代を生きる子どもたちのために、我が国の学校教育でも、保育所や学童保育所（放課後児童クラブ）でも、非認知能力の重要性が認識され、獲得・向上を方向付けているのです。

【保育所保育指針　第1章総則】

1. 保育所保育に関する基本原則

(2) 保育の目標

ア　保育所は、子どもが生涯にわたる人間形成にとって極めて重要な時期に、その生活時間の大半を過ごす場である。このため、保育所の保育は、子どもが現在を最も良く生き、望ましい未来をつくり出す力の基礎を培うために、次の目標を目指して行わなければならない。

(ア)十分に養護の行き届いた環境の下に、くつろいだ雰囲気の中で子どもの様々な欲求を満たし、生命の保持及び情緒の安定を図ること。

(イ)健康、安全など生活に必要な基本的な習慣や態度を養い、心身の健康の基礎を培うこと。

(ウ)人との関わりの中で、人に対する愛情と信頼感、そして人権を大切にする心を育てるとともに、自主、自立及び協調の態度を養い、道徳性の芽生えを培うこと。

(エ)生命、自然及び社会の事象についての興味や関心を育て、それらに対する豊かな心情や思考力の芽生えを培うこと。

(オ)生活の中で、言葉への興味や関心を育て、話したり、聞いたり、相手の話を理解しようとするなど、言葉の豊かさを養うこと。

(カ)様々な体験を通して、豊かな感性や表現力を育み、創造性の芽生えを培うこと。

【放課後児童クラブ運営指針　第1章総則】

3. 放課後児童クラブにおける育成支援の基本

(1) 放課後児童クラブにおける育成支援

放課後児童クラブにおける育成支援は、子どもが安心して過ごせる生活の場としてふさわしい環境を整え、安全面に配慮しながら子どもが自ら危険を回避できるようにしていくとともに、子どもの発達段階に応じた主体的な遊びや生活が可能となるように、自主性、社会性及び創造性の向上、基本的な生活習慣の確立等により、子どもの健全な育成を図ることを目的とする。

4. いま一度非認知能力について

第Ⅰ章の終わりに、いま一度非認知能力について補足しておきます。非認知能力は、「非認知能力」と呼ばれたり、「非認知的能力」と呼ばれたりすることを冒頭でも説明しました。また、ＯＥＣＤでは「社会情動的スキル」と位置づけていることも紹介しました。非認知能力は、すでにいろいろなところでいろいろな呼称や位置づけをされているだけでなく、何が非認知的で何が非認知的でないのかも曖昧になりがちで、「ぼんやりした能力」といえるのかもしれません。数値化（測定）しにくければ非認知的だし、とりわけその時々の状況や文脈によって異なりやすく、自身の感情や意欲とも密接で、人間関係の中で左右されやすい能力であることがわかります。

本書では、以降もタイトル通りに「非認知能力」という言葉を用いて、これまで紹介してきた多様な能力の総称とします。前述しましたが、たとえ知識偏重時代であっても、人間として大切な力だと認識されてきました。

そして、これからの時代だからこそより一層求められる力として、非認知能力という共通言語が生まれたのだとご理解いただければ幸いです。

第１章のまとめ

○いま、テストなどでは測りにくい「非認知能力」という言葉が注目を集めています。それに対して、テストなどで測ることのできる力を「認知能力」と呼んでいて、この二つの能力はどちらか一方を伸ばすのではなく、どちらも伸ばしていくことが大切です。

○特に、その中でもこれからの時代に向かっていくためには、「非認知能力」を伸ばしていくことについての関心がますます高まり始めています。

○いまの時代、そしてこれからの時代は、第4次産業革命やSociety 5.0、VUCA時代などといわれるようになりました。こうした時代の中で、特に人工知能（AI）などといかに共存・協業していくかが求められるようになり、そのためにも「非認知能力」を伸ばすことが必要とされています。

○実際に、保育や学校教育でも、「非認知能力」を伸ばしていくための方向性が明確に掲げられるようになり、入学試験などでもどのように伸ばしてきたのかを問われるようになり始めました。

○「非認知能力」は、決してこれまでなかった新しい能力ではないのですが、これからは特に必要とされる力として、私たちにとっての共通言語になろうとしています。

第Ⅱ章

子どもの育ちと非認知能力

ガイダンス

建物はしっかりとした土台を作り、その上に柱を立てて筋交いでより丈夫にして、そこから外壁や内装を整えていきます。土台も柱も筋交いもないのに、いきなり外壁や内装を整えられるはずはありませんよね。これは、別に建物だけの話ではなく、様々なものを作っていく上で同じことがいえるのではないでしょうか。それでは、「人間」は?

もちろん人間は「もの」ではないので、はっきりとした順序立てをして組み立てていけるはずはありません。しかし、その逆に順序立てがまったくないのかというと、そうでもないですよね。ちなみに、みなさんは秩父神社（埼玉県）にある『親の心得（薗田稔氏作）』をご存知でしょうか?

私たちも含めて、子ども時代を経ていない大人は存在しません。人間はいきなり大人になるわけではありませんから……。子どもから大人になっていくのです。さらに、一言で「子ども」といっても、乳児から幼児、児童や青年といった時期があります。こうした時期にはそれぞれに発達の特徴があり、特徴に対応した育て方が求められるわけです。それをとてもわかりやすく端的に伝えてくれているのが、この『親の心得』といえるでしょう。

「赤子」のときには、しっかり抱きしめて肌のぬくもりを伝えてあげてほしい。「幼児」になると赤ん坊のときほど肌と肌との関係はなくてもいいけど、それでもそばにいて安心感を与えてあげてほしい。「子供（小学生）」になると子ども同士の仲間関係も大切にしつつ、必要なときには助けてあげてほしい。そして、「若者（中学生以降）」になるとますます自立してくるため、その自立を促しつつも関心の糸は切らずに持ってあげてほしい。こういったメッセージを伝えてくれているのではないでしょうか。

親の心得

赤子には肌を離すな
幼児には手を離すな
子供には眼を離すな
若者には心を離すな

秩父神社

このように子どもの時期を赤子から若者までの４つに分けていますが、これらを「発達段階」とか「ライフステージ」と呼んでいます。もちろん発達段階は若者以降の大人にもあるものです。いうなれば「人生（ライフ）」の「舞台（ステージ）」がそれぞれの時期にあるということですね。先ほどの通り、ものを作るときのようなはっきりとした順序立てはできないかもしれませんが、人間にも育っていく上での「段階」があるわけです。そうなると、その段階にはそれぞれに特徴があり、それぞれの特徴に対応したサポートができれば適切なサポートとなり得ます。逆に、特徴に対応していないサポートならば不適切なサポートになってしまうでしょう。

子育てには正解がない（または正解がたくさんある）ため、何が適切で何が不適切かというのはとても難しいことですけどね……。極端な例を出してしまえば、まだ「ハイハイ」ができたばかりの赤ん坊に速く走れるように要求するとか、「おたまじゃくし」を「おじゃまタクシー」と言えるようになったばかりの幼児に流ちょうな英語を話せるように要求するとか……。誰から見ても無茶な要求で、これらをさせようとすることが不適切なサポートとなるのは明らかですよね。

こんな極端な例ならまだしも、そうではない例がたくさんある中で、何が適切で何が不適切なのかを判断することは難しいものです。しかし、子どもたちの発達段階には、それぞれどのような特徴があるのかを知っておくことはできますよね？　そう、まずは知っておくこと！　そうすれば、あとはそこから、その子に合ったサポートもしやすくなることは間違いないでしょう。

さて、この第Ⅱ章ではみなさんが子どもたちの非認知能力を高めるサポートをするために必要な発達段階の特徴について説明していきます。特に、知られているようで意外に知られていない小学生の時期（児童期という発達段階）を中心に進めていきます。考えてみれば、小学生の時期は赤子や幼児の時期（乳幼児期）から大人になっていく時期（青年期）の真ん中にあるのです。そう考えるだけでも、いったいこの時期にどんな特徴があるのか気になりませんか？　次ページからみなさんと共有していきましょう！

1.「発達」のとらえ方

(1)「発達」ってなに?

小学生(児童期)の発達段階の特徴を知る前に、まずは「発達」そのものについて共有しておきましょう。広辞苑(岩波書店)によると、「発達」について次の3つの説明がされています。「①生体が発育して完全な形態に近づくこと。②進歩してよりすぐれた段階に向かうこと。規模が大きくなること。③(心)個体が時間経過に伴ってその心的・身体的機能を変えてゆく過程。遺伝と環境とを要因として展開する」の3つです。いずれも発達を意味しているのですが、私がこの章でみなさんと共有したいのは主に③になるでしょう。図1をご覧ください。

この図のように生まれた時点に身に付けている先天的な状態から、育っていく(成育歴の)中で後天的な状態へと変化していく過程が発達です。もちろん、この変化には遺伝的な要因もありますが、環境的な要因が多大に影響しているのです。

【図1：発達のイメージ】

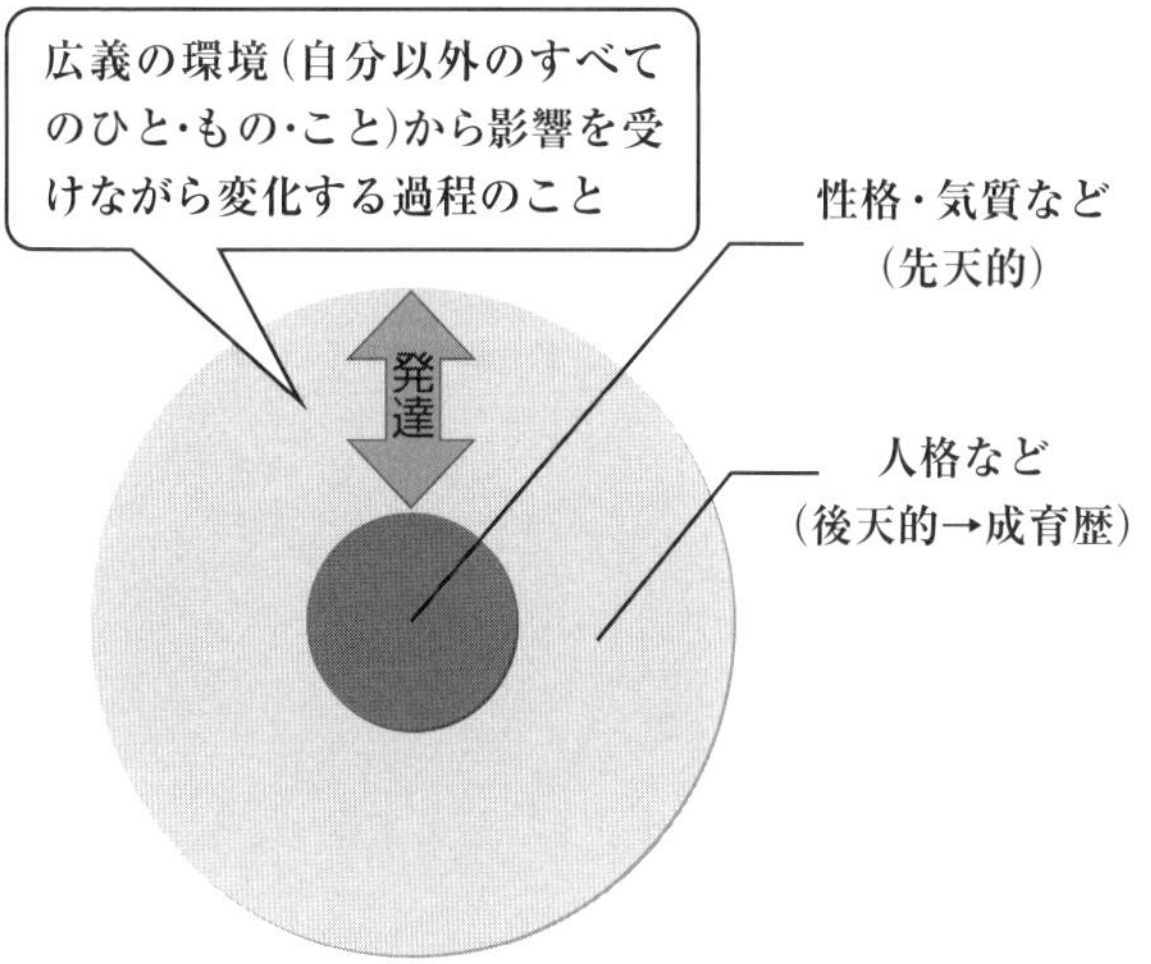

そして、人は育っていく中で、一生涯かけて変化し続けていくことになります。そのため、発達を「生涯発達」と言い換えることができます。例えば、性格と人格の違いなどがわかりやすいかもしれません。もともと生まれ持った先天的な性格や気質のことを英語では「character（キャラクター）」と呼び、後天的に変化することで形成される人格のことを英語では「personality（パーソナリティー）」と呼びます。たしかに、短気な性格を持って生まれた子どもが、いつまでも短気なままで大人になるわけではありません。成長する（成育歴の）中で、短気な性格のために失敗したことから学び、穏やか

な人格を形成していくことだってできます。

このように、一見すると同じようにとらえられがちな性格と人格も先ほどの発達の考え方に基づいて先天的なものと後天的なものとに区別できるわけです。

ところで、ここで重要な点は、発達（変化の過程）に影響を与える環境は物質的な狭い意味（狭義）の環境ではなく、自分以外のすべてのひと・もの・ことといった広い意味（広義）の環境を指していることです。したがって、一人の子どもが生まれた先の家庭も環境の一部であり、以降に出会う友達、先生、地域の大人たちもすべてその子にとっては環境の一部となります。さらにいえば、その子が出会ったサブカルチャー（アニメや漫画、ドラマなど）でさえも環境の一部になるわけです。

例えば、アニメのキャラクターのセリフを真似して使ってみたり、ある学校ドラマに登場する教師に憧れて教師を目指してみたり、スポーツをしていてうまくいかず挫折しそうなときにスポーツ漫画から励まされたりと、私たちは意外なところから大きな影響を与えられていることがあります。そのため、親が我が子の視聴するテレビ番組に制約をかけるといった取り組みもされるわけです。視聴する番組に制約をかけるかどうかは賛否分かれるところですが、いま、子どもたちがどのようなサブカルチャーと出会っているのかという視点を持つことは大切ではないでしょうか。すると、「なぜ我が子がこのような言葉遣いをするのか？」などの疑問にも光明をもたらせるかもしれません。

（２）一般論の発達と固有名詞の発達

さて、みなさんと共有したい発達の意味については先ほどの通りですが、この発達をとらえていく上で留意しなければならないことがあります。例えば、赤ん坊が歩き始めるという一つの変化の過程（＝発達）があるとします。概ね1歳前後といわれている時期に、多くの赤ん坊は歩き始めるのです。しかし、早い子であれば8か月頃に歩き始め、遅い子であれば1年6か月頃に歩き始めます。ということは、歩き始めるのが早い子と遅い子との間にその差10か月もの開きが生じることになるのです。保護者の側からすれば、早く歩き始めた子には喜びの声を上げ、一方で我が子が8か月になっても、1歳になっても歩き始めないことに不安感を強く抱き始める場合があります。勉強でも運動でもそうですが、子どもが何かを（平均より）早くできるようになることに、大人は過度な期待感や安心感を抱いてしまいがちです。もちろん、私も一人の大人として親として、その気持ちは十分に理解できますが……。

これが発達を知ることの落とし穴でもあります。ついつい周囲の子どもや平均値と比較して、早ければ喜びと安心感を、遅ければ焦りと不安感を……。特に、先ほどの「赤ん坊は1歳前後で歩けるようになる」という発達の特徴は、多くのデータに基づいた平均値から一般化されたものです。だからこそ、余計にそうなるのが当然のこととして錯覚してしまいます。

しかし、言うまでもなく目の前の子どもは一人ひとりが異なった先天的な遺伝や特性を持ち、まだ生まれて間もないとはいえ異なった環境に身を置いているのです。そのために後天的な変化に違いが生まれるのは、決して珍しいことではありません。つまり、一般論として、一般化された発達の傾向や特徴に拘束されてしまい、本来は一人ひとりが異なっている固有名詞の発達に目を向けて寄り添えなくなってしまう危険性があるということです。

すると、それなら一人ひとりの固有名詞の発達だけに目を向け、一般的な発達の傾向や特徴を知る必要はないのでは、と思われることもあります。しかし、そうではないのです。なぜなら、一般的な発達の傾向や特徴を知っておくことは、参考となる指標を持つことになるからです。あえて言うならば「育ちの地図」のようなものでしょう。いま「どこらへん」にいるのかを確認するための地図であり、これから「どこらへん」に向かおうとしているのかを指し示す地図でもあります。あくまでも「どこらへん」であり、法律のように遵守しなければならない明確な基準ではありません。

以降では、主に小学生（児童期）の発達段階の特徴についてみなさんと共有していきますが、これらを一般的な参考となる指標として共有してみてください。そこから目の前にいる一人ひとりの固有名詞の子どもの発達をとらえていただくことをおすすめします。

2.「発達」のタテ糸とヨコ糸

(1)「発達」のタテ糸ってなに?

ひとことで発達といってもタテ糸の発達もあれば、ヨコ糸の発達もあります。タテ糸の発達とは、言い換えればそれぞれの発達段階が連なることでできる発達の道筋のことです。そして、ヨコ糸の発達とは、それぞれの発達段階の中で分類化される発達の領域のことです。ここで、具体的な発達のタテ糸とヨコ糸について共有しておきましょう。

まず、発達のタテ糸です。それぞれの発達段階の連なりによってできるのであれば、みなさんはタテ糸として織りなす発達段階を知っておく必要があります。これは、図2の通り大変明快なものとなります。

発達段階とは、人生の舞台(=ライフステージ)といわれるように、一生涯を①乳児期(0~1歳未満)→②幼児期(1~6歳)→③児童期(7~12歳)→④青年期(13~20歳)→⑤成人期(20~30歳代)→⑥壮年期(40~50歳代)→⑦老年期(60歳代以降)

【図2：生涯発達のタテ糸にある発達段階】

の7つで段階化しています。これらの各段階でどのような傾向や特徴があるのかを参考となる指標にしておきましょう、ということですね。

ただし、この7つの段階はあくまでも年齢という数値化されたわかりやすい客観的な段階であることに注意が必要です。というのも、前述した通り人間の発達は単に時間の経過に応じて変化していくだけでなく、先天的に持ち合わせたものや環境から影響を受けた成育歴の質によっても変化していくからです。だからこそ、年齢による一般的な発達の傾向や特徴を個々（固有名詞）の子どもに直接当てはめることは危険なのです。

また、7つの段階が連なることで織りなすタテ糸とは、各段階がそれぞれに独立した断片的な段階ではないことを意味しています。乳児期での発達が幼児期の発達へ影響を与え、その幼児期が児童期へ、その児童期が青年期へ……とそれぞれの発達段階は連綿とつながっていくのです。個々の発達段階でリセットボタンはありません。もちろん、以降の発達段階で修正や回復は可能ですが、一つひとつの発達段階をいかに大切にしていけるかが、生涯発達というタテ糸としてとても重要な点といえるでしょう。

(2)「発達」のヨコ糸ってなに？

次に、発達のヨコ糸です。それぞれの発達段階の中で分類化された領域とはどのようなものがあるでしょうか。ここでは大きく3つの領域に分類して図3のように示してみました。

このように、身体が変化する過程を「身体的発達」の領域、頭の中の知性や言語が変化する過程を「知的・言語的発達」の領域、精神面や社会性が変化する過程を「精神的・

【図3：発達のヨコ糸としての3領域】

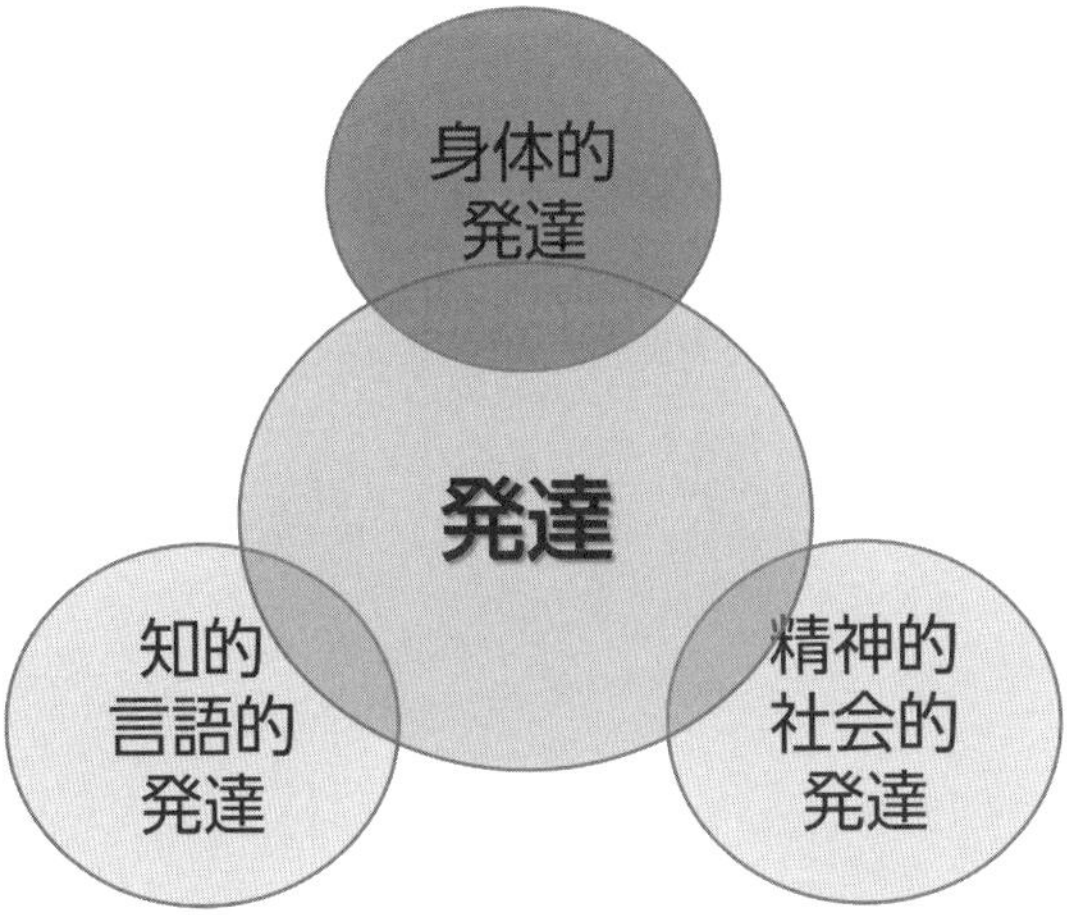

社会的発達」の領域としています。

よく「知・情・意」や「心・技・体」といわれるように、人間は生きていく上で複数の構成要素を持ち合わせています。そのため、発達においても同様で、一つの（タテ糸としての）発達段階に目を向けたとき、その段階の傾向や特徴も複数の要素から構成されているため、それぞれの要素に分けていかなければなりません。ここでは、「身体的（体）、知的・言語的（頭）、精神的・社会的（心）」の3つに分けて領域化したわけです。

ただし、このヨコ糸も先ほどのタテ糸と同様で、それぞれに独立した断片的な領域ではありません。図3のように重なり合いながら、一人の人間という高度かつ複雑な有機体を変化させていくのです。その一方で、敢えて分けることで各発達段階の傾向や特徴を領域ごとにとらえやすくもなります。以降では、特に児童期の発達段階を中心に、この3つの領域それぞれについて説明していきましょう。

3．児童期の身体的発達の傾向や特徴

（1）子どもたちのからだの現状

『プレジデントFamily』の2016年秋号（プレジデント社／2016年）の特集の中で、衝撃的なタイトルが目に飛び込んできました。「急増中！　老人化する子供たち」というタイトルです。概要を紹介すると、いまの子どもたち（幼児や小学生）は、HBの鉛筆を使うと字がとても薄くなる、同じ姿勢を維持できない、転んだ際に手をつけずにケガをする、ボールが投げられない、雑巾がけで骨折する……などの問題が急増しているとのことです。

また、腰痛に悩んだり、側弯症（脊柱が曲がったりねじれたりする症状）の疑いがあったりという子どもの身体的問題まで指摘されています。これらの諸症状は老人に起きる「ロコモティブシンドローム（運動器症候群）」に非常に似ているとのことで、本誌では該当する子どものことを「子供ロコモ予備軍」と呼んでいました。この原因としては、よくいわれるテレビゲームやスマートフォンであったり、そのほか子どもを取り巻く環境の変化であったりと様々なことが考えられるそうです。また本誌では、このような問題を改善するために、子どもの体幹をシャキッとさせるためのエクササイズを紹介していました。

私は、この特集を読みながら、全国的な大学生たちの現状にも目を向けてみました。各地の大学関係者のお話では、授業中に姿勢がダラリとなってしまい、そのうち机を枕がわりに眠ってしまう学生たちが増えてきたとのことです。この状況をつくり出してしまっているのは、もちろん授業そのものにも検討の余地があるでしょう。そのため、近年では学生たちが受け身にならないように、グループワークやディスカッションを組み込んでいくような授業方法（例えばアクティブラーニング）などが積極的に取り入れられるようになりました。

しかし、私は単に授業の方法だけが問題解決の切り口ではないように思っています（決して、責任転嫁をするということではなく……）。例えば、学生たちの姿勢です。先ほどの特集にあったように、子どもたちが教室で座っているとき背筋をピッと伸ばした姿勢を維持できなくなっているのです。背筋をピッと伸ばさなければ、脳へ酸素が行き届きにくくなります。脳へ酸素が行き届かなければ眠気に襲われてしまうということは周知のことでしょう。つまり、授業中に背筋をピッと伸ばした状態を維持できるかどうかで、授業中の居眠りを軽減できることにつながるのです。もちろん学生の個人差にもよりますが、学生たちの姿勢を維持する力は近年の幼児や小学生のそれと無関係ではないように思えます。

そして、向こう10年以内にはロコモ予備軍の子どもたちが高校や大学・短期大学などへ進学するわけですから、ますます危惧するところです。

ちなみに、いまの小学校現場は大丈夫なのでしょうか？　小学校の授業で居眠りをしてしまう子どもたちは、夜更かしなどの生活リズムの乱れが大きな原因とされています。さらに姿勢の維持という観点も大切だと考えられます。それでは、背筋をピッと伸ばした姿勢を維持するためには、何をすればよいのでしょうか？　先ほどのプレジデントの特集では、「体幹」というキーワードからエクササイズが提案されていました。または、テレビゲームやスマートフォンの時間に制限をかけるという方法も考えられます。そのほかの方法は……？　そう考えたときに、子どもたちの身体的な発達に目を向ける必要があるでしょう。

（2）子どものからだの育ち方

子どもたちの身体の現状（特に問題点）は、先ほどの通りでしたが、そもそも子どもたちの身体はどのように育っていくのでしょうか？　ここで、一人ひとりの個人差はあるものの一般論（多くのデータに基づいて検証されたもの）としてどうなっているのかを知っておきましょう。グラフ1の「スキャモンの発育発達曲線」を紹介しておきます。こちらは、有名なスキャモンの発育発達曲線を私が一部改編したものです。

この曲線は、横軸を年齢、縦軸を発育発達の度合いとしています。そして、成人になる20歳を100％にしたとき、出生時から成人までの発育発達の流れを曲線で描いているのです。すると、「生殖型」では14歳頃まで20％弱の横ばいを維持しており、14歳以降に急速に100％へと向かっていることがわかります。

ご存知の通り、「第二次性徴」を迎えた子どもたちの身体の発育発達が示されているわけです。また、「一般型（筋肉や骨格・体格など）」でも、生殖型と似たようなカーブを描いていることがわかります。特に一般型では、出生時からすぐに始まる成長期（第一次成長期）で身長・体重が伸び上がり、中学生頃からの第二次成長期の時期にも再び伸

【グラフ1：スキャモンの発育発達曲線】

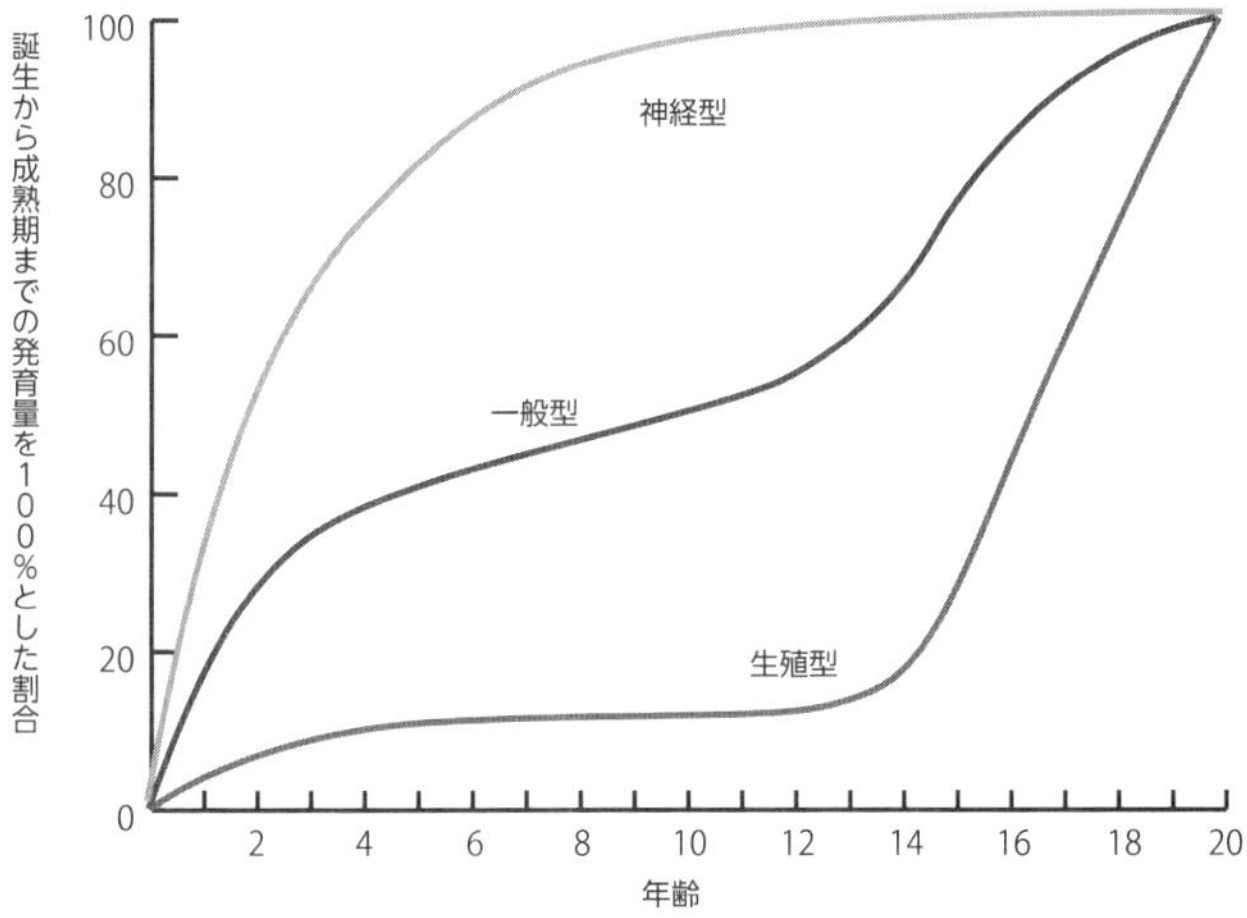

び上がっているのです。

なお、ここで一つ注意したいのは、幼児から小学生までの段階では、一般型の発育発達が成人のおよそ半分ほどまでにしか達していない点です。したがって、仮に大人並の筋力トレーニングに小学生時点の子どもたちが取り組んだとしても、大人と同じ成果は得られないどころか、逆にマイナスの影響さえ及ぼしかねません。

このように、一般的な身体の発育発達の変化を知っておいた上で、子どもたちの発達に応じた適切な活動や経験を提供することは、大人にとって重要な役割といえるでしょう。

ここで、次ページの図4をご覧くださ

【図4：発育発達のコップと経験の水】

い。仮に、一つのコップ（器）があるとしたとき、先ほどから○％と数値で表しているのは、このコップの大きさを意味しています。そのため、１００％の状態が最も大きなコップとなり、例えば一般型の発育発達の中にある筋肉のコップなら、小学生の時期は平均して50％、つまり成人の半分の大きさのコップとなるわけです。

しかし、筋肉のコップが単に大きくなるだけでは「筋力」が高まっているとはいえません。筋力を高めるためのトレーニング（経験）を伴うことで、初めて筋力は高められるのです。この経験こそコップの中に入る水であり、コップの大きさに応じてそこにふさわしい経験の水を入れていかなければ、力や機能は高められていくという考え方になります。したがって、半分（50％）の大きさしかないコップへ成人（100％）並みの経験の水を入れようとしても図のようにあふれ出てしまうわけです。そのため、目の前の子どもが、いまどれだけの大きさのコップを持っているのかを把握して、その大きさに見合わない経験を強いることがないように大人たちは注意しなければなりません。この考え方は、身体的な発達だけでなくすべての発達領域に共通していえることでしょう。

（３）「神経型」の育ちが面白い

そして、もう一つ注目したいのが「神経型」です。先ほどの二つとは対称的ともいえるカーブを描いています。この神経型とは、器用さやバランス感覚、リズム感など身体の動きを司る神経系の発育発達を示しており、脳の重量や頭囲で測定されるものです。グラフを見ると、出生直後から急速に伸び上がり、幼児期後半（４～５歳）には成人の約80％、小学生中学年（９～10歳）には成人と同等になっていることがわかります。

つまり、小学生になると（力の差さえなければ）大人と同じような動きができるようになるわけです。このようにとらえたとき、先ほどの特集にもあった転んだ際に手をつけずケガをする子どものことが思い出されます。実のところ、この問題は多くの大人たち（主に保護者）が過度に子どもを見守り過ぎてしまい、転ぶという経験をさせていないことに原因があるともいわれているのです。転んで受け身をとるという動きを、発育発達上で十分にできるはずの幼児期以降の子どもが、その経験を大人によってさせてもらえなかったために、後々になって大きなケガへとつながりかねなくなってしまうわけです（もちろん転ぶ程度にもよりますが……）。

一方、限られた運動系の活動に重点を置き過ぎるあまり、手先をしっかり使うような活動をおざなりにしてしまうと、器用に身体を動かすことが不得手になってしまう恐れもあります。先ほどのコップを思い起こしてみてください。子どもが大人と同じ大きさのコップを持とうとしているわけです。つまり、その大きさに見合った経験の水をコップへ入れることが可能になるのです。子どもの神経型が伸び盛りの時期には、大人の勝手な判断で動きに制限をかけるのでもなく、特定の動きだけをさせるのでもなく、ただ全体から指先まで様々な動きをしてみるという経験の水を入れるサポートが必要なのです。

もう一つ、「子供ロコモ予備軍」の件で姿勢の話にふれました。人間が姿勢を維持するためには一定の筋力が求められるのは言うまでもありません。しかし、子どもの姿勢をよくするためにまだ十分に筋肉の器を持たない子どもへ筋力アップを重視するのは無理があると説明しました。それでは、姿勢をよくしたり、運動レベルを高めたりするためには何が必要になるのでしょうか？　一言でいえば「刺激」ということになります。姿勢をよくするために背筋にかかわる筋力を高めるのではなく、背筋をピッと伸ばすことで身体に刺激を与えて、その動きをできるようにしていくわけです。繰り返しになりますが、神経型のコップが大人レベルに達しようとしている幼児期後半から児童期（小学生）にかけて、いろいろな動きによる刺激を得られることが、まさに経験の水を入れていくことになるのです。

4．児童期の知的・言語的発達の傾向や特徴

（1）脳といえばやはり思考

それでは、次に身体から頭の中の発達について共有していきましょう。発達領域でいうと「知的・言語的発達」のことです。先ほどのスキャモンの発育発達曲線の神経型では、9～10歳になる頃には脳の器が大人と同等になると説明しました。これは、脳の重量や頭囲によって算出された結果ですが、脳といえばやはり思考できることが最大の機能ともいえるでしょう。それでは、思考できる脳はどのように育っていくのでしょうか？「脳トレ」で知られる川島隆太氏は、グラフ2（筆者が一部挿入）のような興味深いデータを公表しています。

このグラフで川島氏は、二つの脳の発達を示しています。一つは「見る（視覚）、聞く（聴覚）、触る（触覚）、嗅ぐ（嗅覚）、味わう（味覚）」といった五感にかかわる脳の発達で、3歳ぐらいに大人と同等のレベルに発達するとしています。そして、もう一つが思

【グラフ2：思考する脳の発達】

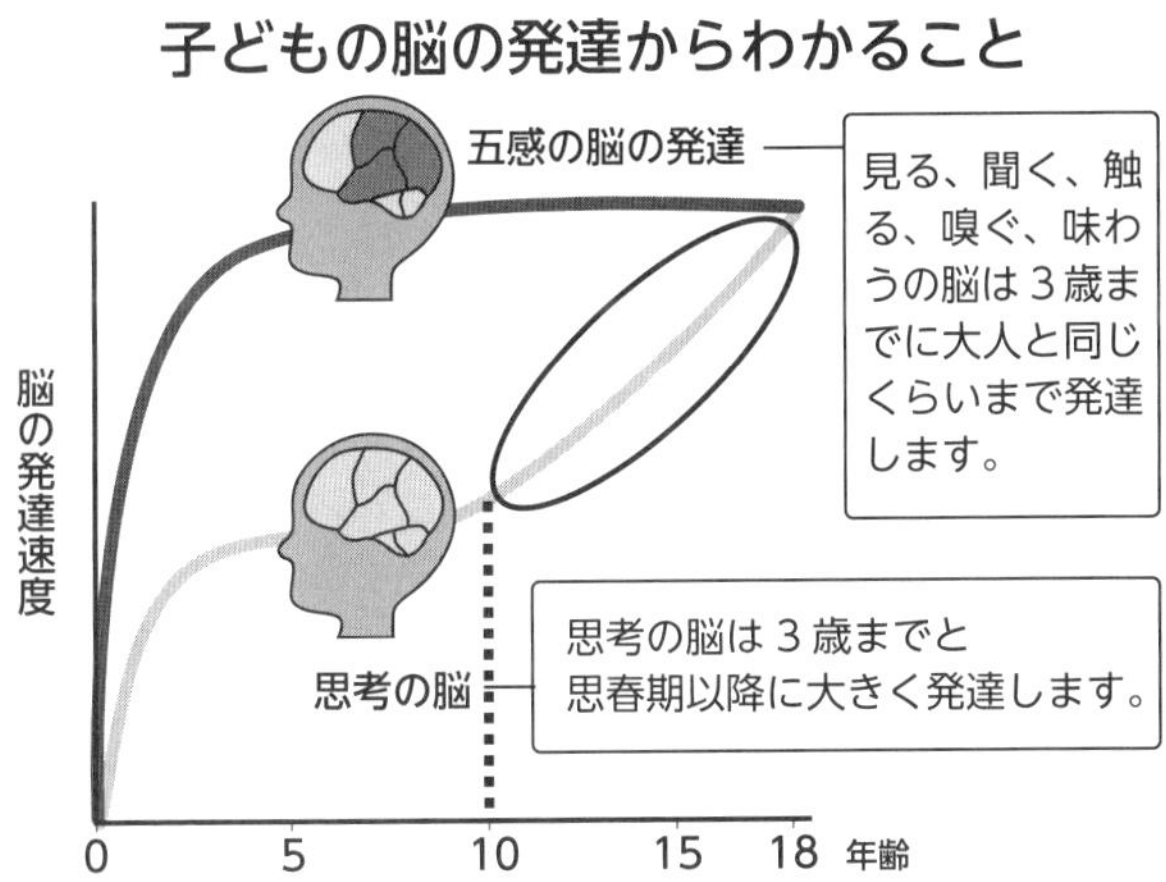
子どもの脳の発達からわかること
五感の脳の発達
見る、聞く、触る、嗅ぐ、味わうの脳は３歳までに大人と同じくらいまで発達します。
脳の発達速度
思考の脳
思考の脳は３歳までと思春期以降に大きく発達します。
0
5
10
15
18
年齢

『川島隆太教授と考える うちの子の未来学』（宮城県教育委員会）をもとに作成

考する脳の発達で0歳から3歳までぐんと伸び上がり、その後に10歳頃から思春期以降に向けて再び伸び上がり始めていることがわかります。スキャモンの発育発達曲線で示された神経型（脳）の器の大きさに加えて、脳の機能別（五感や思考）にとらえていくとさらにその内実がわかるわけです。

(2)思考は内的言語を使う

ところで、私たちが「思考する」ためには何が必要となってくるでしょうか？　ここで思考するという営みを自分自身と対話する、と置き換えてみましょう。つまり、自分の中で自分自身と対話することこそ、「思い、考える」ことになります。言い方を換えれば、思考とは「自己内対話」のことです。

さて、私たちは他者と「対話する」ために言語を使用します。対話（言語的コミュニケーション）には言語が必要です。そうであるならば、自己内対話（＝思考）にも言語が必要となってくるわけです。

実は、私たちは外側に発している言語（外的言語）と内側（頭の中）で発している言語（内的言語）の二つの言語を持っています。そして、思考に必要な言語は後者の内的言語の方になります。

あるとき、私は岡山大学にスウェーデンから留学していたTonyという学生に、「トニー！　いま、頭の中は何語？」という質問をしたことがあります。彼は、母国語のスウェーデン語に加えて、英語や中国語も堪能に話すことができる留学生です。さらに、日本語も日本人と間違うほど流ちょうに話すことができます。そんな彼に、この質問をしたところ「日本語ですよ」という返事が返ってきました。

しかし、彼が言うには母国スウェーデンに戻れば、スウェーデン語（外的言語）で会話をして、頭の中もスウェーデン語（内的言語）になるそうです。そして、アメリカへ行けば英語に、中国に行けば中国語に、外的言語も内的言語も変わると言っていました。日本語しか話せない私にとって極めて新鮮な話だったことをよく覚えています。ちなみに、彼だけでなくほかの留学生に聞いても同じ回答が返ってきました。

このことからもわかるように、外側へ発する外的言語と頭の中で発する内的言語とは密接な関係にあるのです。ちなみに、言語的発達段階としては乳幼児期にまず外的言語から身に付け、4歳頃から内的言語を身に付け始めるといわれています。実は一般的に私たちは、内的言語よりも外的言語の方を先に身に付けているのです。だからこそ、乳幼児期に外的言語としっかりふれあい、インプットもアウトプットもできるようになっていけば、内的言語を豊かに身に付けられるようになります。

しかし、このような事例があります。ファミリーレストランへ行くといろいろな家族の外食風景を見られるのですが、その中でも、料理を待っている間に、子どもたちは携帯ゲーム、保護者はスマートフォンへ没頭し、ほとんど会話がされていないという家族を目にします。内的言語や外的言語を豊かにしていくために、私たちは決して特別な訓練が必要なのではなく、こうした日常的な家族や友達とのコミュニケーションの積み重ねが必要なのではないでしょうか。

（３）思考と感情はコインの表と裏

また、内的言語を身に付けて思考ができるようになるということは、感情のコントロールができるようになり、より理性的なふるまいにつながっていきます。図５のように、思考と感情はコインの裏表のようなものです。つまり、思考の面が働いているときは感情の面をコントロールできているため、衝動性なども低くなります。

逆に、思考の面が働いていないときは感情の面が強く出てしまい、衝動性なども高くなってしまいます。これは決して珍しいことではなく、多くの人たちが経験されていることではないでしょうか。交通渋滞などでイライラしていても、そのイライラを落ち着かせるように自分へ言い聞かせる（思考の面が働いている）。悲しくて悲しくて、抑えきれずに涙を流し嗚咽してしまう（感情の面が強く出ている）。もちろん、いつ何時も思考の面を働かせて理性的になる必要はないでしょう。状況によっては、思いきり感情の面を出すことも必要な時だってあります。ただし、思考力を豊かに身に付けておけば、感情だけに流されることなく、理性的にふるまえるようになることは確かです。つまり、子どもの頃から外的言語にしっかりとふれあい、内的言語を豊かに育んでいけば、感情だ

【図5：思考―感情のコイン】

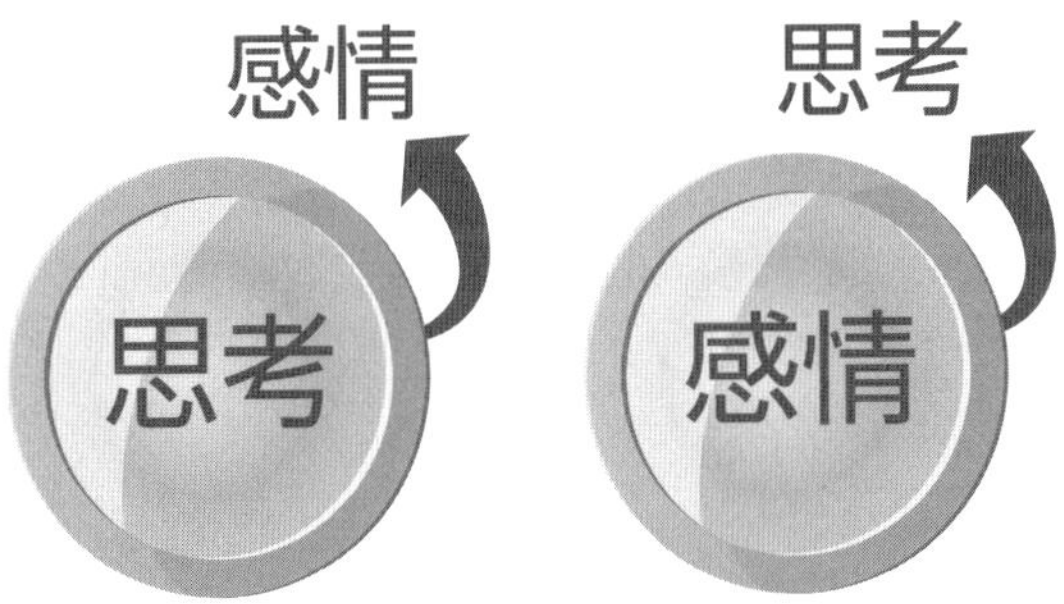

けに流されにくい大人へと育っていくようになるのです。

（4）思考力伸び盛り突入期の子どもに注意！

思考といえば、よく「論理的思考」や「科学的思考」という言葉を耳にします。先ほどのように感情をコントロールできる思考ですが、さらに思考の内実に目を向けると、この二つの思考は代表格ともいえるでしょう。平易な言葉で言い換えると、「論理的思考→筋道を立てて、つじつまを合わせられる思考のこと」、「科学的思考→現実的な根拠や裏付けに基づいた思考のこと」といったところでしょうか。こうした思考が9～10歳以降には大人レベルへと伸び上がっていくわけです。

例えば、あるとき保護者が我が子へ「○○ちゃんみたいに勉強しなさい！」と言っていたとします。すると今度は、その子から「○○ちゃんは自分よりお小遣いが多いから、自分ももっとほしい！」と言われたとします。このとき保護者が「あなたね、うちはうち、よそはよそでしょ！」などと言ってしまうとどうでしょうか？　一般的に9～10歳（小学3～4年生）ぐらいになった子どもでしたら……「（うちの親）つじつまが合っていない！」と思考できるようになっているわけです。以前に言っていた内容（○○ちゃんみたいに……）と、いま言っている内容（うちはうち、よそはよそ）とがちぐはぐになっていることに気が付き、そこに違和感を抱けるようになるのが論理的思考です。

また、同じ9～10歳の時期にサンタクロースを次第に信じなくなり始めます。というのも、12月24日の夜にサンタクロース一人で全世界の子どもたちにプレゼントを配って回るという裏付け（現実的な根拠）がないことに気が付き、ファンタジーの世界と現実の世界とを区別できるようになるのが科学的思考です。これらの思考は、決して勉強の中だけの特別な思考ではなく、むしろ日常生活の中でこそ、子どもたちは論理的思考や科学的思考を駆使していることになるのです。

そして、これらの思考力は、小学3～4年生の頃になると大人レベルへ近づこうとぐんぐん伸び上がり始めます。大人たちは、伸び盛りの子どもたちに、伸び上がるための経験や刺激をサポートしていきたいのですが、同時に注意も必要です。まだまだ子どもだからと誤った認識を持ち、いつまでもだましだましで子どもとかかわろうとしていたら、手痛いしっぺ返しを食らってしまうことがあります。特に、思考力の伸び盛り時期へ突入する小学3～4年生（9～10歳）は要注意です！　なぜなら、身体的な見た目は、まだ低学年（1～2年生）と大きく変わらないのですが、頭の中は高学年（5～6年生）や青年期、ひいては大人の方へ近づいているからです。「見た目は子ども、（だけど）頭は大人」ということですね。先ほどの保護者と子どもとのやり取りのように、まだまだ見た目は子どもだと思って、つじつまの合わない非論理的な対応をしていると、子どもの方から厳しい指摘を受けてしまったり、「この大人は信用できない」と思われてしまったりということが当たり前のように起きてしまいます。私たち大人が、見た目に惑わされることなく、子どもは大人へ近づこうとしている存在なのだと適切な認識を持っておきたいものです。

5. 児童期の精神的・社会的発達の傾向や特徴

(1)人間が持つ二つの意識

児童期の精神的・社会的発達は、先ほどの知的・言語的発達とも強く関連してくるものです。子どもの内側にある世界(精神世界)や他者との関係性の中で生じる社会性、これらが変化していく過程のことを精神的・社会的発達といいます。それでは、どのような発達の傾向や特徴があるのでしょうか? 次の図6をご覧ください。

この図は、保育学者の鯨岡峻氏が提起した人間が持つ二つの意識の関係です。まず、子どもは左側の「自分の意思を表出する意識(自己表出の意識)」を強く持ち始めます。自分はこうしたい、これがほしい、などの自己中心的な意思表示です。子どもは生まれたとき、自己中心的でなければなりません。人のことを気にして我慢していたら、生命を維持することができないからです。

そして、この自己中心的な意思を大人に思いきり受け止め、受け入れてもらえる中で、

【図6：自己表出と他者協調の意識の関係】

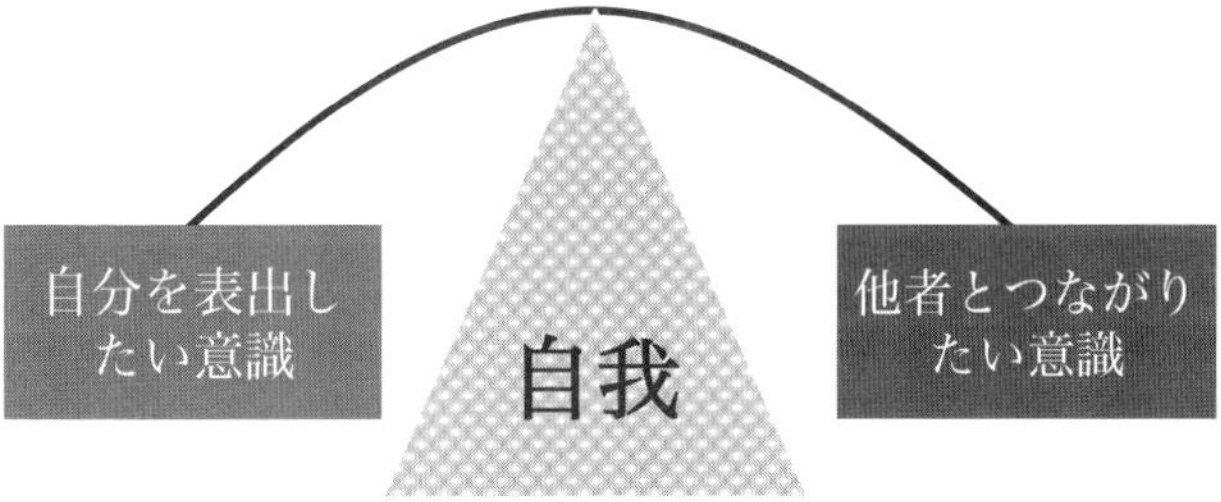

鯨岡峻・著『子どもは育てられて育つ—関係発達の世代間循環を考える』（慶應義塾大学出版会）をもとに作成

自分は掛け値なしでここに存在していていいんだと思えるようになります。いわゆる自己肯定感（または自己受容感）のことです。また、大人に自分の意思を受け入れてもらえた経験は、子どものわがままを助長すると考えられがちですが、この経験によって逆に子どもは他者の意思（要求や願望など）を受け入れられるようになるとも言われています。乳児期から幼児期前期（4歳頃まで）の大切な経験となるわけです。

そして、今度は「他者とつながろうとする意識（他者協調の意識）」が芽生え始めます。周囲にいる他者が次第に見え始め、その他者とつながるために、ときに我慢するなどの折り合いをつけることができるようになってくるのです。概ね幼児期後期（5歳頃から）には明確に芽生え始め、小学生になるとさらに他者への視野は拡がっていきます。その中で子どもは、自分が誰と気が合い、誰と気が合わないのか、自分はあの人と比べて何ができ、何ができないのかといった認識を持ち始めることになります。つまり、他者と比較することで自分自身を認識（自己認識）する時期へと突入するわけです。気の合う仲間（同質な他者）とは積極的につながろうとして、気の合わない他者（異質な他者）に対しては排他的になります。しかし、この気の合う仲間とのケンカや仲直りなどの経験が、以降の社会性にも大いに役立ちます。そのため、小学生低学年の時期には、特に気の合う仲間といろいろな経験をしてもらいたいものです。

また、他者と比較することも決していけないことではありません。「他者は自己を映し出す鏡」という言葉があるように、自分が何者かを確かめる（認識する）ためには、他者との比較が必要です。ただし、他者と比較して自分がダメな人間であるとか、存在していてもしょうがないとか、そのような自己否定をする必要はまったくありません。できなくても自分は自分、できない自分もまた自分なのだという感覚、つまり自己肯定感（自己受容感）を持って他者と比較すればよいのです。

（2）ギャングエイジへ突入する子どもたち

さて、小学生中学年（3～4年生）になると他者を見る視野はさらに拡がっていきます。そして、同じ子ども同士の同質か異質かを超えて、もっと異質な他者の存在に気づき始めます。そう、「大人」という存在です。姿かたちから立場まで、子どもにとって大人は異質以外の何者でもなくなってきます。すると、子どもは大人と心理的な距離を持ち始め、子ども同士でますますつながり始めます。さらに、大人から提示されていたルールではなく、子ども同士で決めたルールに従って集団生活を行うようになるのです。まさに、他者から律せられる時期から自分または自分たちで律する時期へと育ち始めるようになるわけです。

同時に、幼児期の特徴の一つでもある大人に言われたからやる、みんながやっているからやるという時期からも脱却を始めます。それをすることにどのような意味があるのか、その意味に納得できるのであればやるという時期へと育ち始めるのです。つまり小学3～4年生になると、より一層自分の頭で考えて行動することができるようになります。このように、大人から心理的な距離を取り、自律へ向かい納得を求める時期のことを「ギャングエイジ」といいます。この時期は、俗にいう「ギャング」のように反社会的な行動をするのではなく、子どもたちが「徒党」を組んで大人とは距離を置いた自分たちのコミュニティをつくり出す大変重要な時期です。まさに、大人への大きな一歩といえるでしょう。

しかし、先ほど知的・言語的発達でもふれた「見た目は子ども、（だけど）頭は大人」という特徴からもわかるように、大人が目の前の子どもに対する認識を変えなければ、単に子どもが生意気になる（大人にとって厄介な）時期というとらえ方になってしまいがちです。子どもが大人になっていくための大切な時期としてとらえ直し、社会の一員になろうとしている子どもにふさわしいかかわりをしてあげたいものです。

（3）そして子どもはさらに大人へ……

小学生高学年（5～6年生）になると、思春期を迎えるための前段階（前思春期）へと突入していきます。思考の世界もさらに深まっていくために、一般的な大人と同様にいわゆる「考え事」も増え始めます。特に、身体も変化を始め、心と身体のバランスに乱れが生じる時期なのでなおさらです。この思考の世界が深まるというのは、決して良いことばかりではなく精神的な負荷（いわゆるストレス）をもたらすという側面も持っています。すると、子どもたちも大人と同じようにこの負荷を溜め込まないための活動や人間関係を求めるようになるわけです。

例えば、大人でしたらスポーツやカラオケ、女子会や井戸端会議などが挙げられるでしょう。子どもたちにとっては、漫画やゲームかもしれないし、気を許した親友とのおしゃべりかもしれません。低学年や中学年のときから継続してきた同じ活動や人間関係であっても、高学年になるにつれてそれらが自らを癒す（自己防衛の）ための活動や人間関係へと意味合いが変わっている可能性もあります。「いつまでも○○ばかりして……」と無下に大人がそれらを妨げてしまうと、子どもからすれば自己防衛のための手段を一方的に奪われてしまうことにもなりかねませんので注意が必要です。

そして、高学年は前述したような私的な関係を築く一方で、公的な関係を拡げていける時期でもあります。公的な場では、気の合わない（異質な）他者とも、自分の中での合う・合わない（好き・嫌い）にかかわらず、自分自身をコントロールしてコミュニケーションをとることができる段階です。このような中で、いよいよ青年期、そして大人へと向かっていくことになります。

6. 発達段階に応じて育てたい非認知能力

(1)発達段階を意識した非認知能力

ここでは、前章の非認知能力と発達段階との関係性について提案しておきます。これまでも、非認知能力は大人になってからも伸ばすことができる力として位置づけられてきました。知識をインプット（記憶）するといった（一部の）認知能力は年齢とともに低下していきますが、非認知能力に関してはこのような低下は見られないとのことです。しかし、そこからさらに発達段階を意識してみると、各発達段階と認知能力及び非認知能力との関係性は図7のようになるのではないかと提案しておきましょう。

(2)まずは土台としての自己肯定感を！

非認知能力より以前に、先ほどの自己肯定感（自己受容感）こそが、子どもの育つ力

【図7：各発達段階と認知能力及び非認知能力との関係】

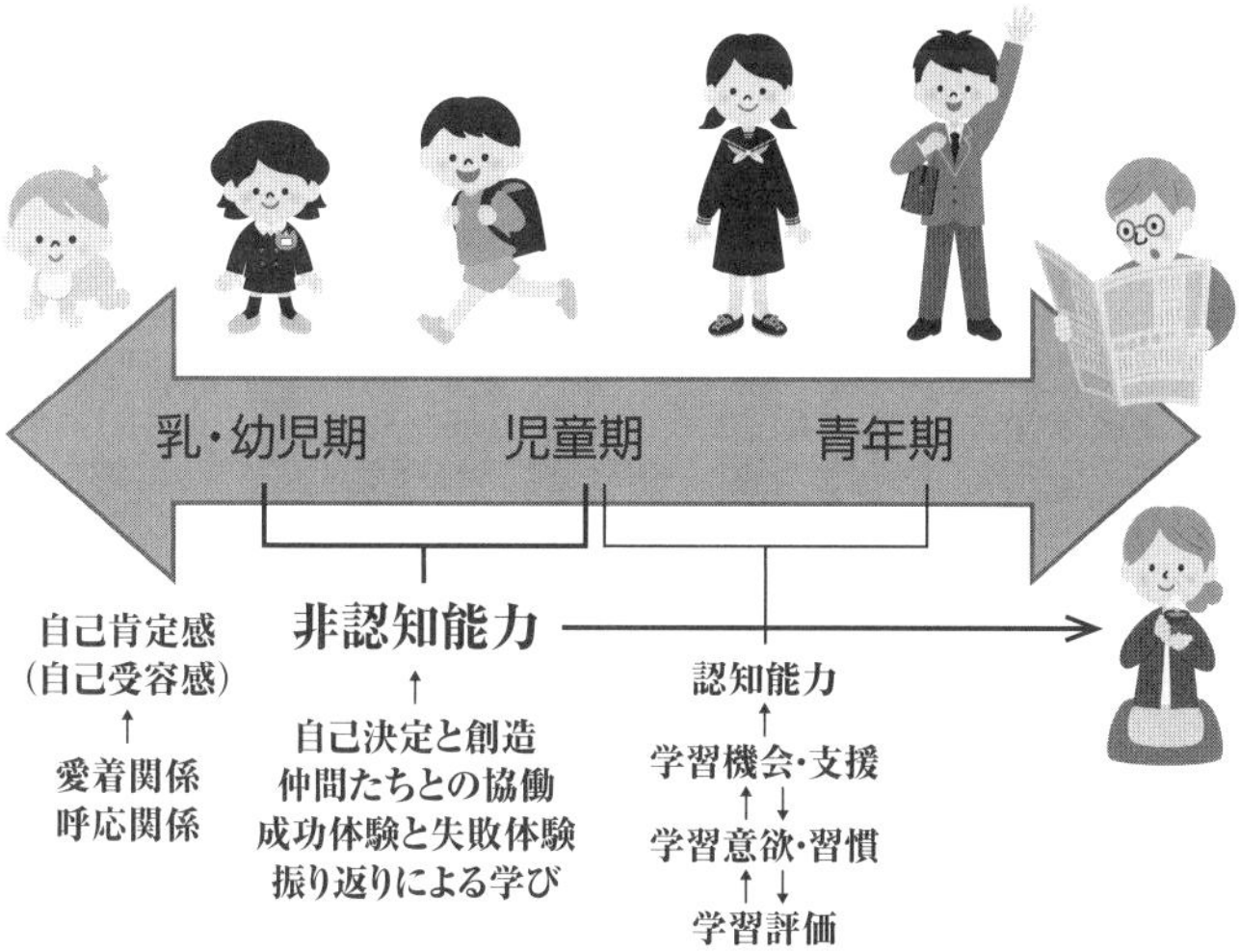

の原点（土台）となります。特に、乳児期から幼児期前半（４歳頃）までは保護者をはじめとした子どもにとって重要な他者からの愛着関係（アタッチメント）が何よりも必要です。この愛着関係は、次第に肌と肌との関係だけでなく、言葉などを通じた呼びかけとその呼びかけに応じるという呼応関係へ移行していきます。

いずれにしても、条件付きではない愛着関係や呼応関係の中で、自分という存在そのものが受け容れられているという経験が求められるのです。

したがって、この時期に、ネグレクト（育児放棄・持続した無関心）などは絶対にしてはいけないことです。また、子どもたちには、過度な早期教育などによって何かができたときには受け容れられ、何かができなかったときには受け容れられないという経験もしてもらいたくありません。こうした経験をした子どもたちは、次第に自分より「できる人」にはへつらい、「できない人」には上から目線で見下すようになってしまいがちです。この時期の子どもがそうなってしまうのは、大人がつくり出した環境が要因になってしまうため、特に注意したいものです。

なお、非認知能力の位置づけによっては、この自己肯定感（自己受容感）も非認知能力の中に含み込んでいる場合があります。本書では、非認知能力とは区別して、敢えて能力形成の土台に位置づけていることを申し添えておきます。

（3）早くに認知能力を高めようと躍起にならない

子どもは自分という存在が無条件で受け容れられる経験から育まれた自己肯定感（自己受容感）の上で、様々な非認知能力を獲得・向上していくことになります。概ね幼児期後半の4～5歳から児童期にかけての時期ですね。非認知能力の中には、他者と協調・

【図8：非認知能力は人間の柱や筋交い】

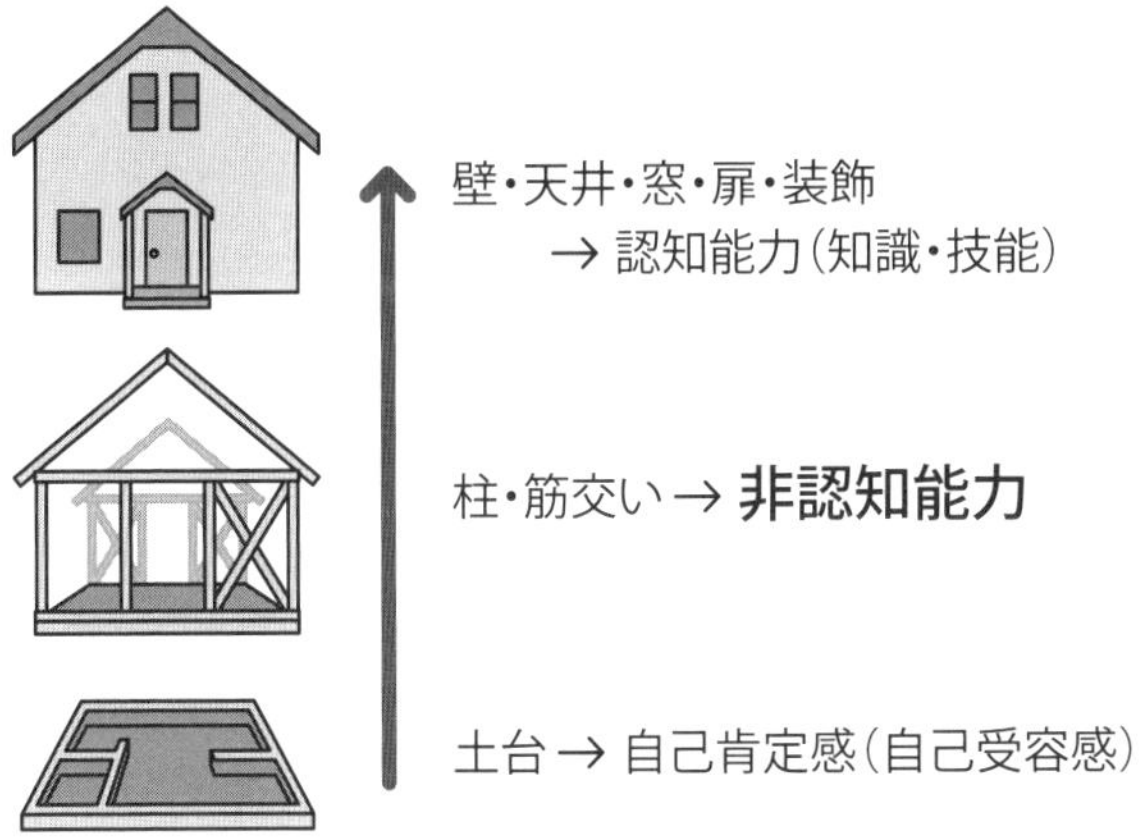

協働していく力や自らに意欲を持たせる力、自分の内面をコントロールできる力などが挙げられます。子どもたちは、これらを教え込まれるというよりも様々な体験を通じて身に付けていきます。そのため、大人は子どもに一方的に何かをやらせるのではなく、子どものやりたいことができるように支えたり、気の合う仲間とコミュニケーションを豊かにとれるように支えたりといった役割を担いたいものです。

また、児童期以降になると価値認識も明確にできるようになりますので、勉強やスポーツができることこそ唯一無二の最高価値だと教えるのではなく、世の中にはたくさんの（多様な）価値があることを伝えていきたいものです。それは、先ほどの自己肯定感にも通じるものであり、自らの価値のとらえ方を拡げられるようになれば、自分からも他者からもより多くの価値を見出すことができるようになるでしょう。

その中で、知識・技能を身に付けたり、活用したりという認知能力の獲得・向上の機会にも出会えるようになってもらいたいものです。できるだけ早くに認知能力を高めなければと躍起になり、非認知能力の獲得・向上をないがしろにして知識・技能ばかりを押し付けてしまえば、自分から認知能力を獲得・向上しようという意欲を低下させてしまうことにもなりかねません。

つまり、図8のように自己肯定感（自己受容感）が土台であるなら、非認知能力は柱や筋交いであり、知識・技能などの認知能力は壁や天井や扉や窓などにたとえることができるのではないでしょうか。

（4）いつ頃に何を育むのかが大事

発達段階の特徴はあくまでも一般論であるため、個人差があるのは当然のことですが、いつ頃にどのような力や感覚を育むことが大切かを押さえておけば、大人が勝手に焦りを覚え、子どもに一方的にやらせたり、無理やり押し付けたりという事態も未然に防ぐことができます。

また、図8からもわかるように、土台や柱・筋交いをおざなりにしたままで、一生懸命に天井や壁ばかりを取り付けようとしたら、その家はどうなるでしょう。少しの揺れでもあっという間につぶれてしまうことは容易に想像できますね。そういう子どもや大人に育てないようにするためにも、柱や筋交いの役割を果たす非認知能力を知っておくことはとても重要です。

次の章では、この非認知能力の育ち方・育て方についてさらに提案を進めていきます。

第Ⅱ章のまとめ

○人は一生涯をかけて変化し続けていきます。この変化の過程を「発達」と呼び、発達は先天（遺伝）的なものに加えて、後天的に様々な環境（自分以外のすべてのひと・もの・こと）から影響を受けます。

○発達には、年齢を基準とした発達段階（ライフステージ）というタテ糸と「体・頭・心」といった発達領域というヨコ糸があります。そして、各発達段階でどのように各領域が変化するのかを一般化することで、指標として活用できます。

○小学生時期の発達段階を「児童期」と呼び、身体的には筋肉や骨格が大人の約50％の発育量しか発達していなかったり、逆に頭の発育量は大人と同レベルであったりという特徴があります。

○また、小学３・４年生の頃は、見た目（からだ）は子どもだけれど頭の中は急速に大人になろうとしている特徴があり、子どもは次第に論理的・科学的思考ができるようになります。そして、この時期を「ギャングエイジ」と呼んでいます。

○それぞれの発達段階の特徴に応じて大人の適切な支援のあり方が問われる中、まずは乳幼児期に人としての土台となる「自己肯定感（自己受容感）」をしっかり育てていきましょう。そして、そこから児童期にかけて「非認知能力」を伸ばしていきたいものです。

第III章

非認知能力の育ち方・育て方

ガイダンス

みなさんは、この漢字をご存知でしょうか?

學

よく大学の名前などで使われている「学」の旧字体ですね。昔の人たちは、「学ぶ」ということをとても上手にこの漢字で表現してくれました。というのも……下半分はそのまま子どもです。子どもがどのような場で学ぶのかを上半分で表しているのです。上半分の真ん中にある二つのカタカナの「メ」のようなものは、人と人とが交わることを意味しています。

そして、この「メ」を囲むような両サイドは、大人の手です。つまり、子どもは大人の手に守られて(安心感を持って)、人と交われるような場でこそ学ぶのだという意味になります。そう考えると、最近ではよくアクティブラーニングや対話的な学びが大切だといわれていますが、もともと学ぶためにはアクティブ(能動的)で、人と人との対話や共同作業が必要だったことになります。決して新しい考え方でもやり方でもないというわけですね。

それでは、どうして敢えていまさらこのようなことが大切だといわれ始めているのでしょうか？　１９７６年生まれの私が子どもだった頃、漢字や英単語を覚え、計算ができ、地図にある地名を覚え、何年に何が起きたのかを覚え、植物が育つ条件や昆虫の定義を覚えてきました。これらができるようになるためには、繰り返し書いたり、暗誦したり、類似した問題を解いたりしてきました。これらの作業は個人でできるため、ほかの誰かとの対話も共同作業も特に必要ではありませんでした。先ほどの旧字体の「學」でいえば、上半分の真ん中の「メ」のない学びになりがちだったというわけです。

いまの我が国の子どもたちはどうでしょうか？　実際には大きく変わったとはいえないかもしれません。しかし、確実に私の時代の学び方ではこれからの時代に必要な力を身に付けられないだろうという考え方がされるようになってきました。もちろん、知識を覚えることもその知識を活用することも必要です。個人的な作業を通じて知識を得ることが不要になったわけではありません。ただ、それだけでは十分とはいえなくなってきたのです。そのため、これからは知識を身に付けているだけでは対応できない問題が、入学試験などでも出てくることでしょう（すでに出している中学校や高校、大学も増えてきています）。

例えば、歴史の教科書から名前が消えるかもしれないといわれている坂本龍馬。その坂本龍馬らの尽力によって、１８６６年に締結された薩長同盟に関する問題が出されるとしたら……。私たちの時代であれば、空欄へ「薩長同盟」と書けば正解になる問題がよく出されていました。しかし、これからは「坂本龍馬たちは、どうして薩摩藩と長州藩を結び付けようとしたのでしょうか？　そこにはどんな目的があったのでしょうか？」とか、「あなたが坂本龍馬だったら、犬猿の仲だった薩摩藩と長州藩を結び付けるためにまず何をしますか？」といった問題と向き合わなければならなくなるかもしれません。もしそうだとすれば、個人作業によって知識を身に付けるだけでなく、その歴史の背景にも目を向けいろんな角度から調べてみたり、自分が坂本龍馬になったつもりで考えてみたり、それをほかの人たちと話し合ってみたりすることが求められます。授業での学び方も、入学試験の問題もこれからどんどん変わっていくことでしょう。いや、変わらなければならないでしょう。

さて、こうなってくると認知能力だけでなく非認知能力も授業方法や試験問題で問われ始めていることがわかります。昔の人が教えてくれたような「學び」は、認知能力だけでなく非認知能力を高めることにもつながってくるというわけです。それでは、学校以外の場所ではどうでしょうか？　学校以外でも私たちは学んでいるといえるのでしょうか？　学習塾で……？　宿題やそのほかの家庭学習で……？　いやいや、学ぶというのはそんなに狭い話ではありません！　たしかに、先ほどは学校での例を出してみましたが、私たちは自分自身の生活全体の中でたくさんの学びをしているはずなのです。この学びこそが、私たちの非認知能力を最も高めているのではないでしょうか？　これこそ自分自身の非認知能力の育ち方ですね。

それでは、非認知能力の育て方はどうでしょう。旧字体の「學」の上半分の両サイド！大人は子どもを守るだけでなく、子どもが学ぶための環境を提供することも役割の一つです。それは、学校の先生だけでなく、保護者だけでなく、子どもの生活全体にかかわるいろいろな大人たちによって提供されているわけです。しかし、そのためには大人たちが学びについて、非認知能力について理解を深めていく必要があります。そのための第Ⅲ章として共有していきましょう！

1．体験から経験、そして学びへ

（1）体験と経験と学びを区別すると？

前章でもふれましたが、認知能力から思考系能力、そして非認知能力まで含み込んだ多様な能力を獲得・向上させていこうとすれば、一方的に何かを教えられるということだけでは困難です。

例えば、他者と協調・協働していくためには、コミュニケーション力を身に付けていかなければなりません。このとき、コミュニケーションに関する理論や知識を得たからといって、他者と協調・協働するために必要なコミュニケーション力を実際に身に付けられたことにはならないでしょう。ちなみに、私が岡山大学の教養教育の授業で担当している「キャリアデザインI―コミュニケーション力に磨きをかける」でも、学生たちには初回の授業でこのことを必ず伝えています。

理論や知識を頭の中へインプットする認知能力ではなく、コミュニケーション力のよ

【図1：体験から経験、そして学びへ】

体験したことを自らの内面で**経験**に変え、
その**経験**を振り返ることで**学び**、
そして多様な**能力（認知・思考系・非認知）**を獲得・向上させる！

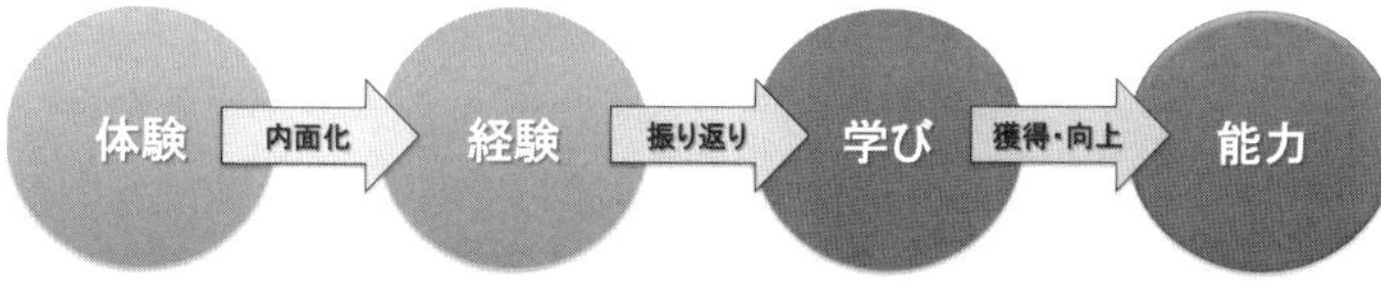

うに状況や文脈に応じて実践するための非認知能力を獲得・向上するためには、自分から様々な体験を通じて学んでいく必要があるのです。そのため、先ほどの私が担当する授業でもこの点を意識づけられるようにしています。一方向的に教えられる学びから自分から体験することによる学びへと移行しなければ、非認知能力の獲得・向上にはつながらないからです。

さて、体験といえば類似した言葉で「経験」という言葉があります。時々この二つの言葉は区別されずに、同じ意味の言葉として使われる場合もありますが、実際には何が違うのでしょうか？　図1を参考にしてみてください。

よく「〇〇体験」という言葉を目にします。代表的なところでは、自然体験あたりでしょうか。しかし、自然体験を自然経験と言い換えることはまずありませんし、違和感さえ抱いてしまいます。体験とは、そのときに個人が実際に身をもって取り組んだことです。つまり自然体験とは、個人がそのとき実際に自分の五感を通じて自然とふれる取り組み（活動）となります。

それでは「経験」とはどういうことでしょうか？　そのときの体験が時間の経過とともに経験になるということでもありますが、さらに時間の経過だけでなく、自分自身の中を経ていくということでもあります。図1の通り、体験したことによって自分の中で気づきや発見があったり、感情的な動きがあったりする過程で、この体験がどんどん自分の中へ入り込んでいきます。こうして、体験が単なる体験に終わらず、その体験が自分の中へ内面化することを経験というわけです。

そして、この経験に基づいてこれから必要となるであろう教訓（実践知）を導き出したり、すでに内面化されたほかの経験や外部から取り入れた知識・情報などと関連付けて、共通点や相違点を見出したりすることを「学び」としています。

先ほどの自然体験を例にしてみると、自然いっぱいの場所で川に入り、動植物とふれあうなどの実際的な活動は体験になります。この体験を通じて、身近な用水路とは異なった水質のよい川の水に心動かされ、この川の中だからこそ生息する生物の存在に気づき、改めて自然の中にある川のすばらしさを実感していくことで経験になっていきます。さらに、なぜ水質のよい川に生物が生息するのか（なぜ、身近な用水路にはこのような生物が生息しないのか）、水質をよくするためには何が必要なのか、などの問いを立ててその問いに迫っていく過程が学びになります。このように体験と経験と学びを区別することで、私たちは体験から経験、そして学びへといった3つの段階を意識することができるのです。

(2)体験は量を増やすより質を高める!

「子どもにはいろんな体験をさせてあげたい!」そう思っている大人は少なくないでしょう。しかし、そこで考えてみてください。ただいろいろな体験をやみくもにさせればそれでよいのでしょうか? 重要なのは、体験の量ばかりを増やすことではなく、その体験を経験から学びへと変えていくために質を高めることではないでしょうか。実際に、いろいろ挑戦してはみるものの、後になってみたら特に何も身に付いていなかった……という大人だって少なくありません。

また、仕事上で同じ研修会やセミナーに参加していても、一方の人は着実な成長を遂げ、もう一方の人はあまり成長を感じられないという場合もあります。これらは、まさに体験したことが体験止まりになっている代表的なケースといえます。そう考えると、子どもだけでなく、大人にも十分に通用する考え方なのです。

ちなみに、非認知能力の代表格の一つに「GRIT＝やり抜く力」（アンジェラ・ダックワース：2016）があります。ダックワースはこの力を提起する中で、私たちにとても重要な示唆をしているのです。例えば、子どもが何かを達成できたとき、そのできた結果を大人は評価しがちです。仮にその子が多くの努力を注がなかったとしても、結果さえよければ「あなたは天才ね！」などとほめるとします。すると、子どもはほめられた喜びと同時に「努力しなくても自分はできるんだ」と認識してしまいかねないのです。こうした経験が蓄積すると、努力をせずに結果だけを求める子どもに育ってしまうとダックワースは指摘します。その上で、子どもが何かを達成したときには、この達成に到るまでの努力、つまり「GRIT＝やり抜く力」に着目して評価をしてあげるべきだと示唆したのです。このダックワースの示唆を借りると、持続力（やり抜く力）の低い子どもはもともと生まれながらに持続力が低いとか、あきらめがちな性格（特性）を持ち合わせているとかではなく、「やり抜いた経験」を蓄積できていないと考えることができます。逆の言い方をするなら、子どもが「やり抜いた経験」を積み重なれば、自分はやり抜くことができると認識でき、持続力（やり抜く力）を獲得・向上させていけることになるのです。

そして、そこには先ほどのように、結果ではなくやり抜いた過程にこそ価値を置いた大人からのフィードバックがあると、子どもはますます認識しやすくなり、体験から経験、そして学びへとつなげていきやすくなるでしょう。

（3）PDSAサイクルを回し、やりっ放しにしない

それでは、体験から経験、そして学びへ、（他者からのフィードバックだけでなく）自分自身で質を高めていくためには何が必要なのでしょうか？　図2にあるように、最も大切にしたいことの一つとして「振り返り」をあげておきましょう。

経営学から端を発して教育をはじめ様々な業界で活用されている「PDCAサイクル」という考え方があります。行き当たりばったりになるのではなく、明確な計画（PLAN）

【図2:PDSAサイクル】

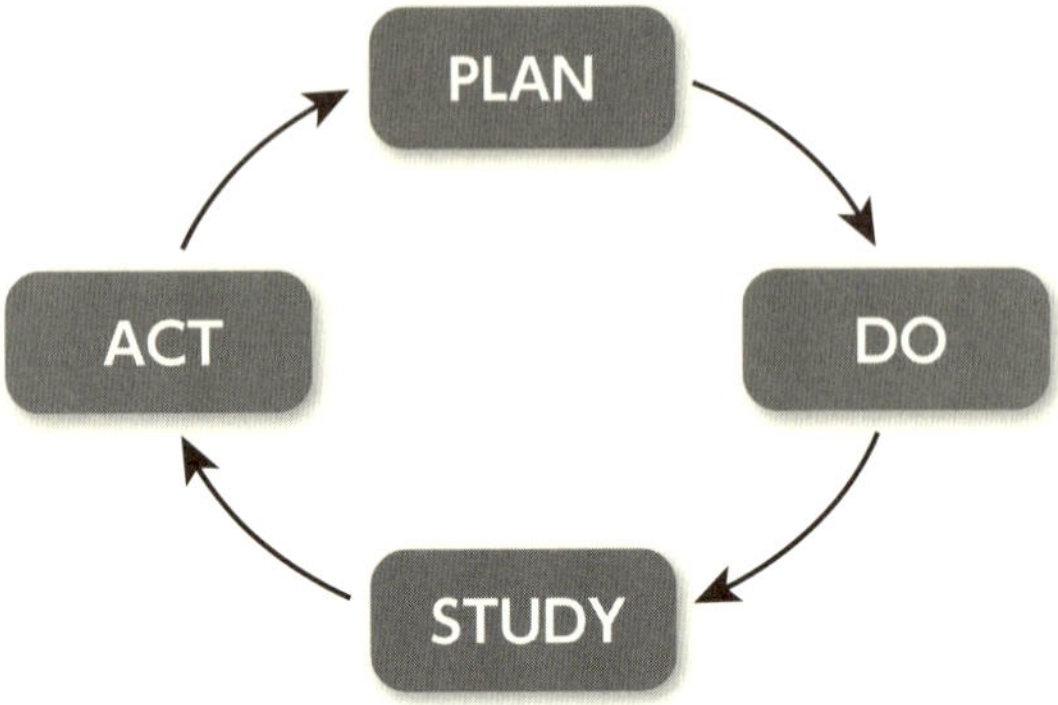

を立てて、実行（DO）に移し、それがどうだったのかを確認（CHECK）した上で、これからの改善（ACT）を見出し、次のPLANへとサイクルを回していくという考え方のことです。

ちなみに私は、教育においてはCHECKではなくSTUDY（振り返る・検討する）がふさわしいと考えており、「PDSAサイクル」としています。図2を参照してください。

このPDSAサイクルは、事業やプロジェクトを進めていく上でも、子どもたちに教育を実践する上でも、共通して活用できる考え方といえるでしょう。

また、一人の個人が学校生活などを充実させていく上でも活用できます。ちなみに、私が岡山大学の教養教育で担当している「キャリア形成基礎講座」の授業でも、学生生活の中にＰＤＳＡサイクルを取り入れることを推奨しています。特に、体験から経験、そして学びへと変えていく上で、計画を立てる（PLAN）だけでなく、振り返る（STUDY）を重視したいものです。というのも、生活全体の中で予め計画にない予期せぬことが起きることは多分にあり、たとえそうなったとしても、立ち止まって振り返ることはできるからです。もちろん、できるだけ「行き当たりばったり（＝ノープラン）」にしたくはないのですが、それ以上に予期せぬことも含めた様々な体験を「やりっ放し（＝ノースタディ）」にしないことです。日常的に様々な体験をしたことについて、いったん立ち止まり振り返ることは、その体験を経験や学びに変えていくための重要な手掛かりになるでしょう。

2．日常生活の中にこそ体験、経験、そして学びがある

（1）日常生活の中にある体験を経験や学びに変える

前節では「自然体験」を例に出して、経験や学びへとつなげていくことを確認しました。しかし、自然体験のような特別（非日常的）な体験の場に限定したいわけではありません。むしろ、日常生活の中にある様々な体験を経験や学びに変えていきたいものです。

例えば、ある子どもが複数の友達と遊んでいるときにケンカになったとしましょう。お互いの主張がぶつかり合い、周囲の仲裁も聞き入れられぬまま、文字通り「ケンカ別れ」になってしまいました。その子は、家に帰る途中で次第に冷静さを取り戻し、「自分も言い過ぎたな……」「なんで、あそこでゆずらなかったのだろう……」などと自分の中での振り返りが始まります。

そして、明日にはこちらから相手に謝ることと、これからは怒るばかりせずにもっと折り合いをつけられるようになろうと決意したのでした。ともすれば、私も含めた多くの人たちが経験したことのあるような場面かもしれません。そして、お気づきでしょうか？　この子は、「ケンカ」という体験を経験に変え、さらに振り返ることで学びにつなげ、非認知能力の一つである「他者と協調・協働する力」や「自制心」を獲得し始めています。つまり私たちは、外側から用意された特別（非日常的）な体験だけでなく、すでに当事者として参画している日常生活全体の中でも多くの体験をして、それらを経験や学びへと変えているのです。

(2)大人からの干渉なく自己解決できること

このように、日常生活の中にこそたくさんの体験があり、経験と学びに変えていけるチャンスを私たち（子どもだけでなく）は手にしていることになります。日常生活にもっと目を向けるなら、子どもたちに特別な体験を目一杯用意してあげるのではなく、むしろ第Ⅱ章のガイダンスで紹介した『親の心得』にもあったように、児童期以降にはできるだけ手を離してあげた方がよいのかもしれません。非認知能力の一つである「目標に向かう力」では、子どもが目標を誰かから押し付けられるのではなく、自ら見つけた目標に向かっていくからこそ意味があります。近年よく耳にする「主体性」や「主体的に」という意味合いにも通じることです。他者から「もっと良い点数を取りなさい」「もっと友達をつくりなさい」などと言われても、それが本人の主体的な目標設定でなければ、結局のところやらされているだけになってしまいます。その結果、「目標に向かう力」を獲得するための体験や経験、学びにつながりにくくなってしまうでしょう。

主体的に何かをするというのは、「一人称の私」が「何かをしたい（しよう）」と思うところから始まるわけです。それならば、本来的には選択自由の世界で、他者（特に大人）からの干渉なく自己決定できることが最も望ましいといえます。つまり、大人の手を離れている中で自分のやりたい体験に身を投じることが、まさに目標に向かう体験になるわけです。ちなみに、子どもたちにとって「楽しみたい」という内発的意欲（内側からこみ上げる意欲）から始まる放課後の「遊び」の世界は、その中でも最たるものかもしれませんね。

(3)子ども時代に遊びや好きなことに没頭して得られる力

内田伸子氏を中心としたお茶の水女子大学チームの研究（２０１４）に、20代の社会人の子どもを持つ保護者１０００人以上を対象とした興味深い調査があります。我が子が幼児期の頃に「思いっきり遊ばせてきた」「遊びでは自発性を大切にしてきた」「好きなことに集中して取り組ませた」と回答した保護者の方が、子どもを（認知能力の高さが求められる）難関大学へ合格（偏差値68以上）させている率が明らかに高くなっているのです。

ちょうどこの発表の翌年には、第Ⅰ章で紹介したＯＥＣＤ（２０１５）からも社会情動的スキルは認知的スキル（認知能力）との間に相互作用的な関係があるという提起があったことも興味深いところです。「お受験勉強」よろしく「あなたの将来のために！」と早め早めに認知能力の獲得・向上ばかりに力を注ぐことは、決して近道にはなり得ません。実は遠回りのように見えて、子どもが遊びや好きなことに没頭できる体験を大切にする方が、非認知能力を身に付けられるとともに、以降の認知能力を身に付けることにつながっているのです。

さらに、子どもたちが遊びを通して（目的ではなく結果として）身に付けられる非認知能力には、仲間たちと共に遊ぶ中でコミュニケーションをとることが求められます。また、「いれて！」と言って遊びに入り、「いいよ！」と言って承認するという社会的手続き（ソーシャルスキル）を身に付けることにもなります。先ほどの事例に合った折り合いをつけながら遊べるようになることも、遊び仲間への配慮や思いやりもそうです。これらは、「他者と協調・協働する力」といえるでしょう。

このように仲間たちと共に遊べるようになるためには、自己中心的にならずに気持ち（感情）をコントロールする「自制心」も必要です。次第に楽しくなくなってきた遊びに対して、もっと楽しんで遊びたいという「意欲」を持ち、ルールを工夫してみたり、新しい遊びをつくり出してみたりする中で「創造力」も高められます。そして何よりも、楽しい遊びの世界へ没頭した経験から、「好奇心」や「楽観性」を身に付けられるようになるでしょう。

（4）「遊びなさい」では遊びにならない

しかし、ここで注意が必要です。まず、非認知能力を高めるために、子どもの頃は「しっかり遊びなさい！」と言って子どもを遊ばせる時点で、残念ながら遊びではなくなってしまいます。遊びはあくまでも「一人称の私」が（主体的・自発的に）遊びたいから遊ぶのです。なお、大人ができるだけ手を離して子どもを自由にするというのは、ネグレクト（育児放棄）や子どもの反社会的な行動に関与しないということではありません。大人の一方的な価値観の押し付けではなく、子どもが自らやりたい（やってみたい）と自己決定できる機会をつくってあげてほしいということです。

さらに言えば、大人からの提案や情報提供を否定しているのでもありません。大人からも提案や情報提供はするのですが、その際の決定権はぜひ子どもに委ねてほしいのです。なぜなら、繰り返しになりますが、子どもにやらせるのではなく、子どもがやりたいと思えることこそが大切だからです。そして、ずっと遊んでおけばよいということでもなく、発達段階（一般的には児童期後半以降）に応じて適切な学習環境は必要です。非認知能力と認知能力との相互作用をつくり出すための機会は、大人から提供する場合も多々あることでしょう。

また、もちろん日常生活の体験以外に、特別（非日常的）な体験が盛り込まれていることも否定はしません。ただし、余暇や休息も含まれた日常と非日常とが逆転するようなことにならないように注意しておきたいものです。


とはいうものの、先ほどの「お受験」の目的以外にも、子どもの放課後を学習塾や習い事に依存せざるを得ない状況も生まれています。的場康子氏（２００８）の調査から、２００８年当時の小学生たちの放課後と保護者世代が小学生だった頃の放課後を比較すると、はっきりとした逆転現象が起きていることがわかりました。２００８年当時の子どもたちは電子ゲームと学習塾と習い事が圧倒的にトップ3になっているのに対して、保護者世代の子ども時代は公園などの外遊びが群を抜いて1位になっているのです。それだけ、現在の子どもたちは放課後に外で自由に遊ぶことなく、先ほどのトップ3のように「与えられた何か」によって過ごしている傾向にあるわけです。この逆転現象は、すべて「お受験」によって引き起こされたものかというと実はそうではなく、子どもを遊ばせたいけど遊ばせられない現状が要因にもなっています。

子どもたちに「三間（時間・空間・仲間の総称）」がなくなったといわれてから久しく

なりますが、さらに不審者等の子どもを取り巻く犯罪に対する危機感が追い打ちをかけています。しかし、実際に子どもが犯罪の被害に合う件数が過去と比べて急増しているわけではありません。浜井浩一氏と芹沢一也氏（２００６）によると、メディアが子どもを取り巻く猟奇的な事件を過剰に報道するようになり、その内容に対する危機感を高めざるを得なくなっているとのことです。いずれにしても、このような要因から、放課後に公園などへ行かせることはできず、先ほどのトップ３によって放課後を過ごさせてしまう家庭も増えてきています。

この点では、学童保育所（放課後児童クラブ）や児童館、放課後子ども教室といった放課後の子どもたちが安全・安心かつ主体的に楽しく過ごすことのできる環境は、いまの我が国の子どもたちにとって必要不可欠となってきたのかもしれません。

3．改めて非認知能力について

（1）非認知能力＝「社会情動的スキル」を構成する要素

本章では、ここまで非認知能力も思考系能力も認知能力も、学びの中で獲得・向上させていけると述べてきました。そして、学びとは一方的に教えてもらうだけでなく、体験したことを経験（内面化）にして、さらに振り返るプロセスから生み出せることとしました。だからこそ、いろいろな体験をいろいろな学びにできれば、認知も非認知も含めたいろいろな能力を獲得・向上できるわけです。

また、この体験は決して非日常の特別な体験だけでなく、日常の生活の中に様々な体験があり、それを学びに変えていくことが大切であると述べた上で、特に、その中でも子どもたちの遊びに注目しました。

それでは、ここで改めて非認知能力について考えていきましょう。非認知能力には、数値化（認知）しづらいという意味の「非認知」と自分の情動や他者との関係性に依る（社

〈社会情動的スキルのフレームワーク〉

①目標の達成：目標を達成するための力
- 忍耐力：自分の欲求や衝動を我慢できる力
- 自己抑制：自分の感情や行動をコントロールできる力
- 目標への情熱：目標達成に向かうための情熱や意欲

②他者との協働：他者と協働するための力
- 社交性：他者と友好関係を結べる力
- 敬意：他者を敬うことのできる力
- 思いやり：他者を共感的に慮ることのできる力

③情動の制御：自分の感情をポジティブにコントロールできる力
- 自尊心：自分自身を肯定的に見つめられる力
- 楽観性：様々なことを楽観的にとらえられる力
- 自信：自分の資質や能力を信じることのできる力

会情動的）という意味の「非認知」がありました。そして、ＯＥＣＤ（２０１５）は、この非認知能力を社会情動的スキルと言い換え、上の３つの力を提唱しました。なお、筆者の解釈による表現として いますので、正式な表記（ベネッセ教育総合研究所訳）については第Ⅰ章を参照してください。

このように並べてみると、やはり自分の内面として求められる力であり、他者との関係の中で求められる力であり、予測できないことも含めた様々な状況の中で固定化・画一化できない力であることがわかります。そして、数値化しづらい力であることも……。ただし、「社会情動的スキル」といえば前ページのような力が挙げられますが、非認知能力といえば先ほどの定義に当てはまる限りは、これら以外の力も含まれてくることになります。また、同じ意味合いの力でも呼び方が異なってくる場合もあるでしょう。シンプルな例としては、「我慢できる力」と「忍耐力」あたりが該当しそうです。

さらに、この社会情動的スキルの①〜③の能力に対して、それぞれ3つずつ構成する力が挙げられています（「①目標の達成」であれば、「忍耐力」と「自己抑制」と「目標への情熱」です）。これらを「能力の構成要素」としてとらえることができます。すると、同じような①〜③のような能力を掲げたとしても、人によっては構成要素の位置づけが異なってくる場合もあり得るのです。例えば、「①目標の達成」の中には、「③情動の制御」の要素でもある「楽観性」が必要だから、①の方の要素とするべきだと主観的に考える人も出てくるわけです。

これらの能力は、やはり非認知的であるがために明確な基準に基づき難い（主観的になりやすい）ことがわかります。だから、「最近は我慢できるようになってきたなぁ〜」などのように、その能力に対する評価についても数値化できず主観的な評価になってしまいがちです。

（2）非認知能力を評価する

今こうしている間にも、非認知能力をより客観的に（例えば数値化して）評価できるための先進的な研究が進められていることでしょう。ちなみに、現時点で多くの教育現場で用いられている評価方法として、パフォーマンス評価やルーブリック評価と呼ばれている評価方法が挙げられます。パフォーマンス評価は、子どもの非認知能力の獲得・向上がどのような現状にあるのかを把握するために、表に出てきた（可視化できる）言動や行為（パフォーマンス）を評価の観点にしています。そして、様々な評価の観点ごとに段階を設定して評価する方法をルーブリック評価と呼んでいます。

例えば、忍耐力（＝我慢できる力）を例に挙げてみると、まずはみんなで話を聞く場面で「5分間そこにじっとしていられること」を到達目標として設定します。このように目標を設定するときはわかりやすい（可視化しやすく、評価しやすい）方がよいわけです。そして、5分間に到達するまでに、4分間や3分間……1分間などの段階を設けたり、さらにはその場に座ることができた（あとはじっとしていられなかったとしても）という段階まで設けたりすることで、いま、この子の忍耐力はどのような状態なのかを評価できるようにします。このように評価できれば、漠然と「あの子は忍耐力がない」と評価しなくてもよくなります。「あの子はたしかに5分間は難しかったけど、1分間ならじっとできていた」「1分間は難しかったけど、その場に座ることならできていた」という具合に肯定的に（できなかったではなく、できたこととして）その子の忍耐力を評価することができるのです。

学校以外の場面で評価することに抵抗感を抱かれる場合もありますが、この評価はその子の能力の獲得・向上のためにも、さらには支援する人たちの支援の質を高めるためにも有効だといえるでしょう。評価を曖昧なままにして、なんとなくあの子は変わってきた……ととらえるのではなく、何がどれぐらいできるようになり、次のことができるためにはどのような支援をしていけばよいのかを考えていけるわけです。

（3）非認知能力の構成要素を明らかに！

なお、そのためには前述した通り抽象的な表現になっている非認知能力の構成要素を整理して、さらにその要素から表に出てくる言動として何ができるようになればよいの

【図3：自主性を具体的な能力構成要素にした一例】

出典：『新しい時代の学童保育実践』（かもがわ出版）

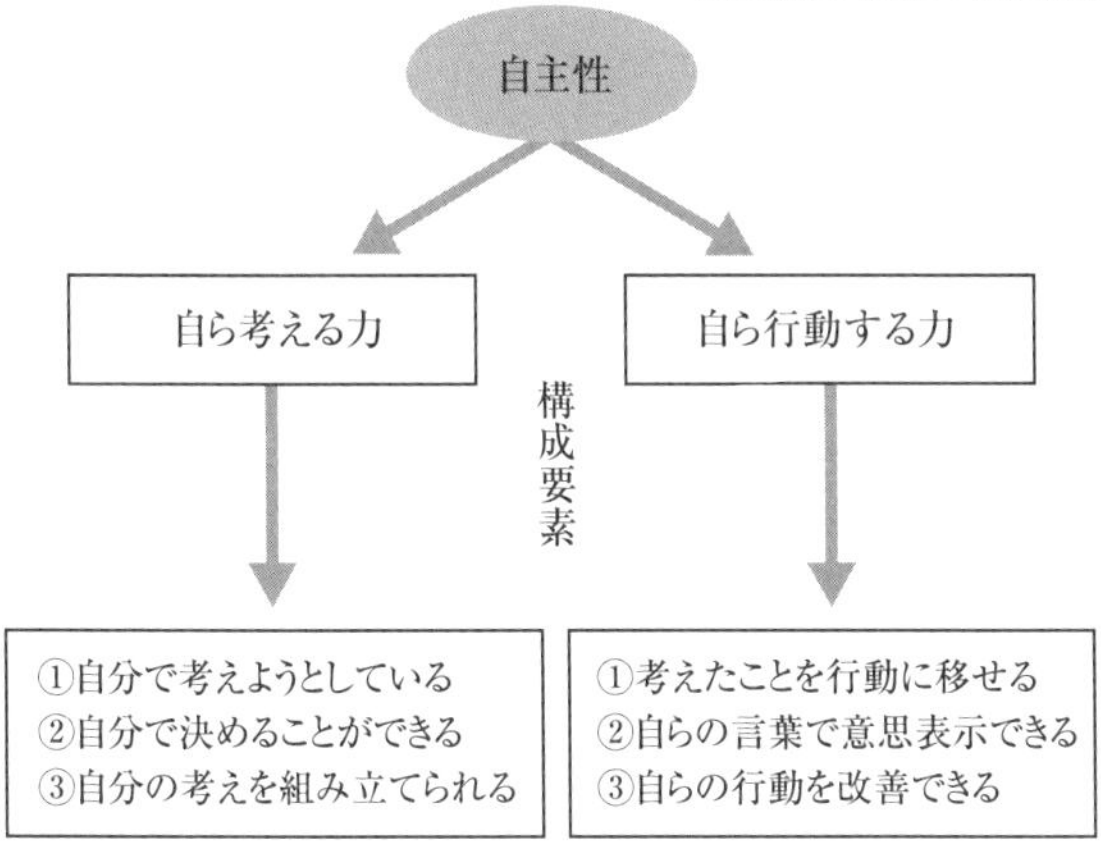

かを具体的に（チャンクダウン）していくことをおすすめします。図３では「自主性」という抽象度の高い非認知能力を具体化してみた例を紹介しています。参考にしてみてください。もちろん、一般の保護者の方には難しいかもしれませんが、学校以外の場であっても子どもを専門的に支援する仕事に従事されている方には、ぜひ挑戦していただきたい方法です。

（４）オリジナルな非認知能力について

さらにここで、私が提案するオリジナルな非認知能力を提案しておきたいと思います。ただし、その前に非認知能力だけでな

【図4：自己肯定感から認知能力までの全体像】

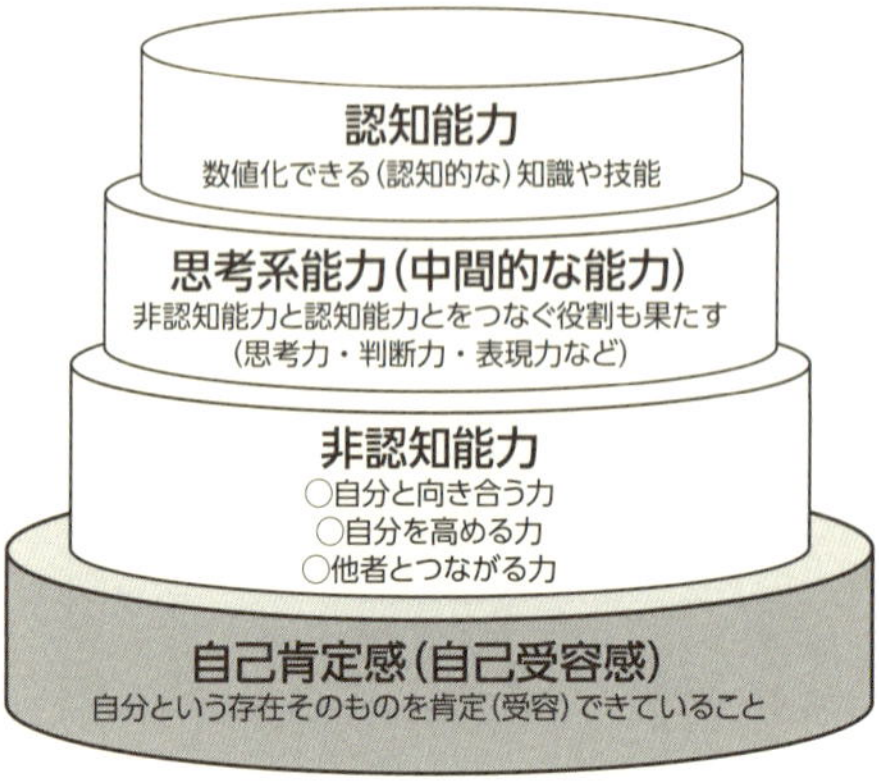

く自己肯定感（自己受容感）や認知能力、思考系能力などの全体の関係性を改めて整理しておきますね。

第Ⅱ章でも述べたように自分の存在を受け容れられている自己肯定感（自己受容感）は、能力形成の土台として非認知能力と区別しています。また、第Ⅰ章でも述べたように、思考力・判断力・表現力などの「思考系能力」は、認知的な知識・技能（認知能力）と非認知能力とのどちらにも位置づく可能性を持つとともに、双方の能力をつなぐ役割も担っている中間的な能力です。これらを含めた全体の関係性は、図４の通りになるでしょう。

このように全体像をとらえると、改めて

非認知能力と認知能力との間にある関係がはっきりと見えてきます。実際に、自分自身の感情が不安定になっているときには認知能力の獲得・向上にマイナスの影響を及ぼすといわれているため、感情をコントロールできる力（自分と向き合う力）が必要不可欠です。また、より一層認知能力を獲得・向上していきたいという意欲や向上心（自分を高める力）も同様ですね。そして、自分一人だけでは獲得・向上できにくい認知能力を他者と共に身に付けるためには、他者と協調・協働できる力（他者とつながる力）も必要となります。

したがって、非認知能力を高めることは、諸々の認知能力や中間にある思考系能力を高めることにも重要な影響を与えているわけです。逆の言い方をすれば、自己肯定感（自己受容感）はもちろんのこと、非認知能力がぐらついてしまえば、認知能力や思考系能力にもぐらつきが生じてしまうことになるでしょう。

それでは、ここで非認知能力へさらに焦点を当てていきます。先ほども述べましたが、非認知能力はＯＥＣＤによる社会情動的スキルのような整理の仕方もあれば、個人によっても認定こども園（保育園や幼稚園も含む）や学校・大学、そのほかの教育機関によっても異なってくることでしょう。基本的には、それぞれに掲げられた教育理念に基づ

【図5：x-y-z軸による非認知能力全体のイメージ】

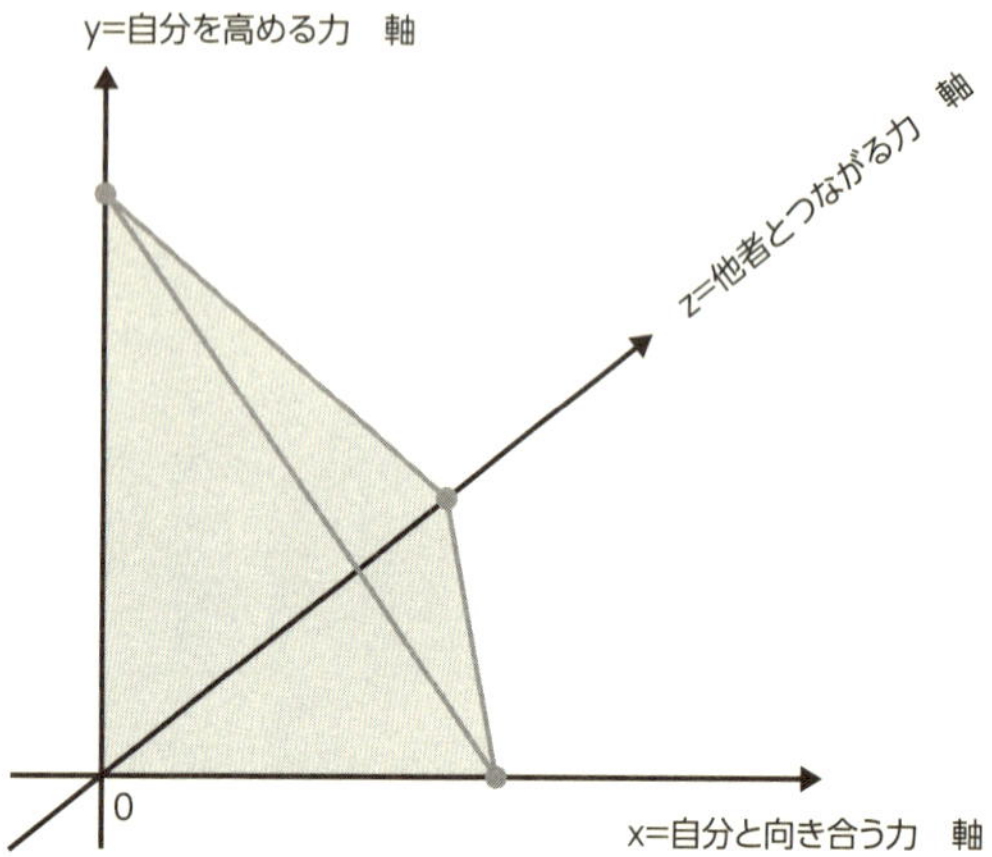

いて、それらを具体化して整理することになります。したがって、図6の通り挙げてみると中山が提案するオリジナル非認知能力と社会情動的スキルとの間に共通点も見出せますが、相違点も生じてきていることがわかります。

しかし、図4にもある通り、社会情動的スキルなどをはじめとした様々な非認知能力をレビューする中で、共通して大別できる3つの力があることに気づかされます。それが、「自分と向き合う力（自分自身の中で自らの感情などをコントロールできる力）」「自分を高める力（自信や意欲などによって自らを啓発して向上できる力）」「他者とつながる力（他者とコミュニケーションをと

【図6：中山が提案するオリジナルな非認知能力】

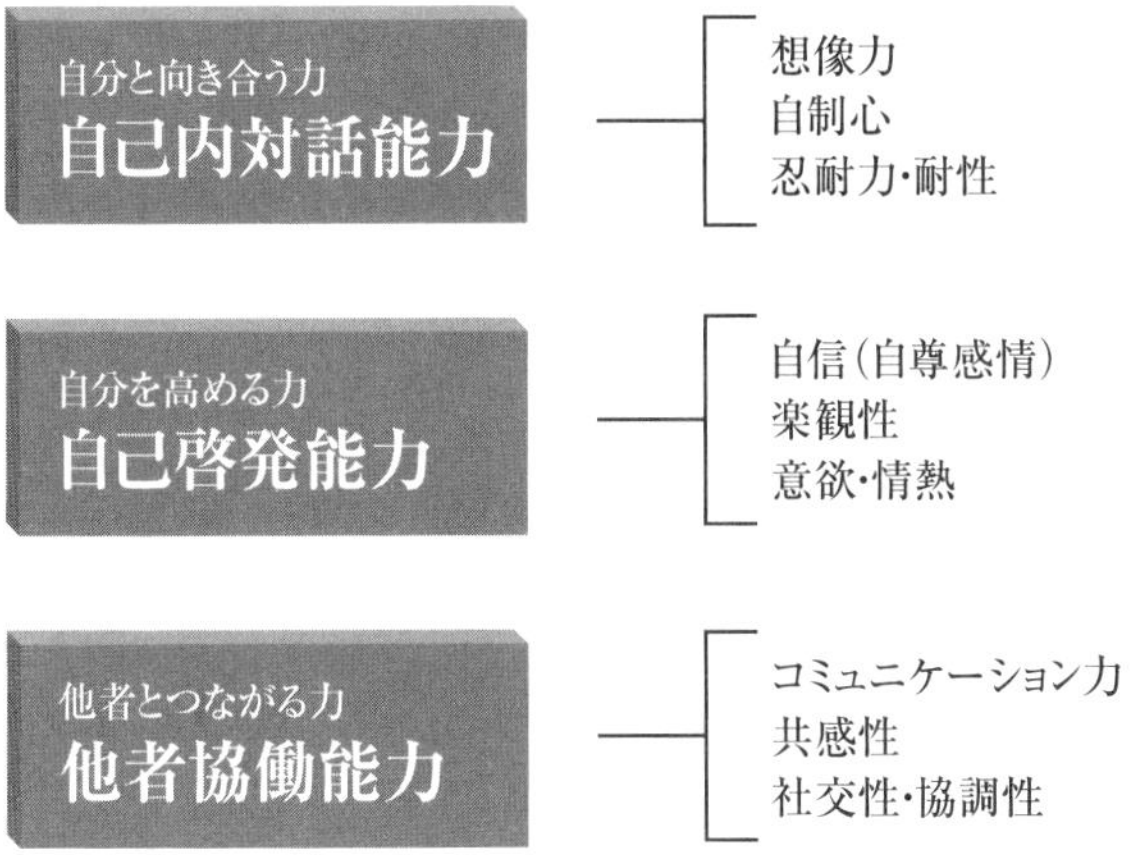

り協調・協働できる力）」の3つです。これら3つの力は、それぞれ異なっているようで重なり合っている……そしてちょうどx軸を「自分と向き合う力」に、y軸を「自分を高める力」、z軸を「他者とつながる力」としたとき、図5のような関係の中で個々の人間が持つ非認知能力として三次元の立体図形のように形作られるのではないでしょうか（※各軸の点は、あくまでも自分がこれぐらいの力を持っているとしたときのものであり、これらを結んだときに形作られる立体的な図形は、非認知能力全体を表したイメージ）。

さて、こうした3つの力の共通点を踏まえた上で、あらためて私のオリジナルな非認知能力を図6で提案しておきます。

まず、一つ目の「自分と向き合う力」としての「自己内対話能力」とは、第Ⅱ章でも紹介した自分の中で自分と対話する能力のことです。自己内対話能力を高めることができれば豊かな思考につながるわけですから、自分自身に言い聞かせて感情などをコントロールできるようになり、自制心を獲得・向上できるとともに、忍耐力や耐性（レジリエンス）の獲得・向上にもつながります。それだけでなく、自分との対話ができれば広く深く想像することにもつながるため、想像力とも関連付けられることになります。

次に、二つ目の「自分を高める力」としての「自己啓発能力」とは、自分自身を啓発（より高い認識・理解へ導くこと）するための能力のことです。社会情動的スキルでは「情動の制御」と重なりますが、より一層ポジティブに向上させたり前進させたりできるようなイメージを持たせています。したがって、自信や自尊感情、楽観性、意欲・情熱といった要素によって構成されることになります。

そして、三つ目の「他者とつながる力」としての「他者協働能力」とは、他者との協働を進めていくための能力のことです。社会情動的スキルの「他者との協働」とかなり重なっているため、社交性や協調性については重複しています。さらに、ここでは構成要素の中へ明確にコミュニケーション力と共感性を入れました。他者と意思疎通をするための言語的または非言語的なコミュニケーション力と他者の視点に立って他者を理解できるための共感性があって、はじめて他者と協働できるものと判断したからです。

このように、何が正解というわけではありませんが、自分（または諸機関）が育てたい非認知能力を明らかに言語化しておくことが、見えにくい、測りにくい、ぼんやりとした力をはっきりと浮かび上がらせていくための第一歩といえるでしょう。さて、みなさんが子どもに獲得・向上させたい、もしくはみなさん自身が獲得・向上したい非認知能力はどんな能力になりそうですか？

4. 振り返りの習慣化で非認知能力がアップ！

（1）「量×質で振り返る」方法

繰り返しになりますが、日常の体験から特別（非日常的）な体験まで、様々な体験をすることで、非認知能力をはじめ多様な能力を獲得・向上できることを述べてきました。そして、こうした体験をやりっ放しにすることなく、しっかりと振り返ることができれば、最終的には学びへ変えていくことができます。それでは、「しっかりと振り返る」とはどのように振り返ればよいのでしょうか？

振り返りは英語で「reflection（リフレクション）」といいます。実は、この振り返り（reflection）について研究をしてきたアメリカの学者ドナルド・ショーンという人がいます。ショーンは、振り返りをいくつかに分類する中で、「行為の後の振り返り」と「行為の中の振り返り」に着目しました。前者についてはとてもわかりやすいですね。「行為の後」、つまり体験をした後に振り返ることです。「あのとき○○だったなぁ……」など

【図7：しっかりとした振り返り】

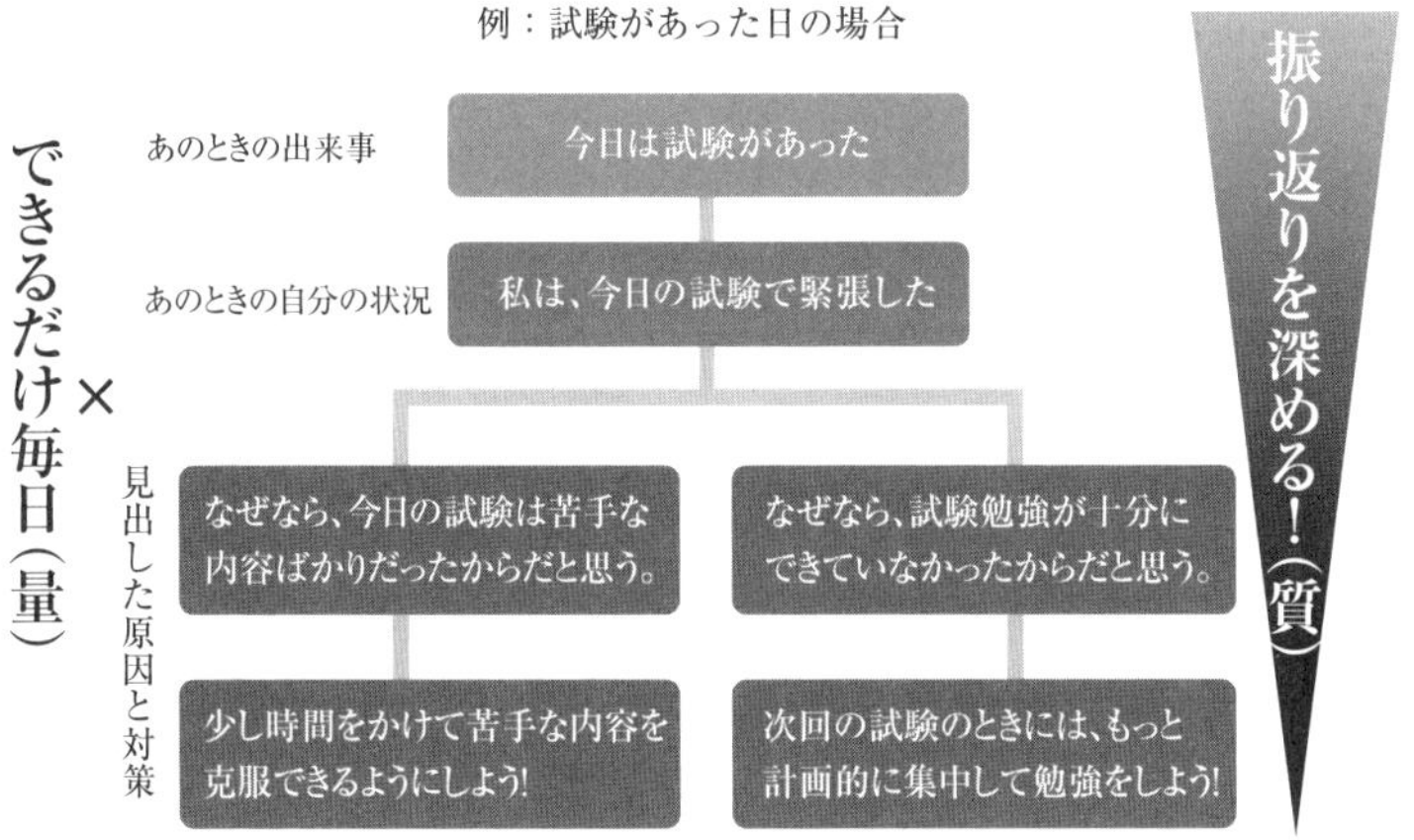

あのときの出来事

見出した原因と対策

少し時間をかけて苦手な内容を克服できるようにしよう!
次回の試験のときには、もっと計画的に集中して勉強をしよう!

できるだけ毎日（量）×

と思い返してみる、これはほとんどの人たちが日常的にやっていることではないでしょうか。この行為の後の振り返りをぜひ日常的に、体験を終えた後に行ってもらいたいものです。そうすれば、振り返りを習慣化することができ、量（回数）的な蓄積を可能にします。量的な側面から見た「しっかりとした振り返り」ですね。ただし、これだけでは不十分です。質的な側面からも「しっかりとした振り返り」をすることで、より一層学びに変えていけるのです。図7をご覧ください。

この図では、試験という体験をした後の振り返りが書かれています。「今日は試験があった」という振り返りから始まっていますが、このままでは単にあったこと（出来事）を振り

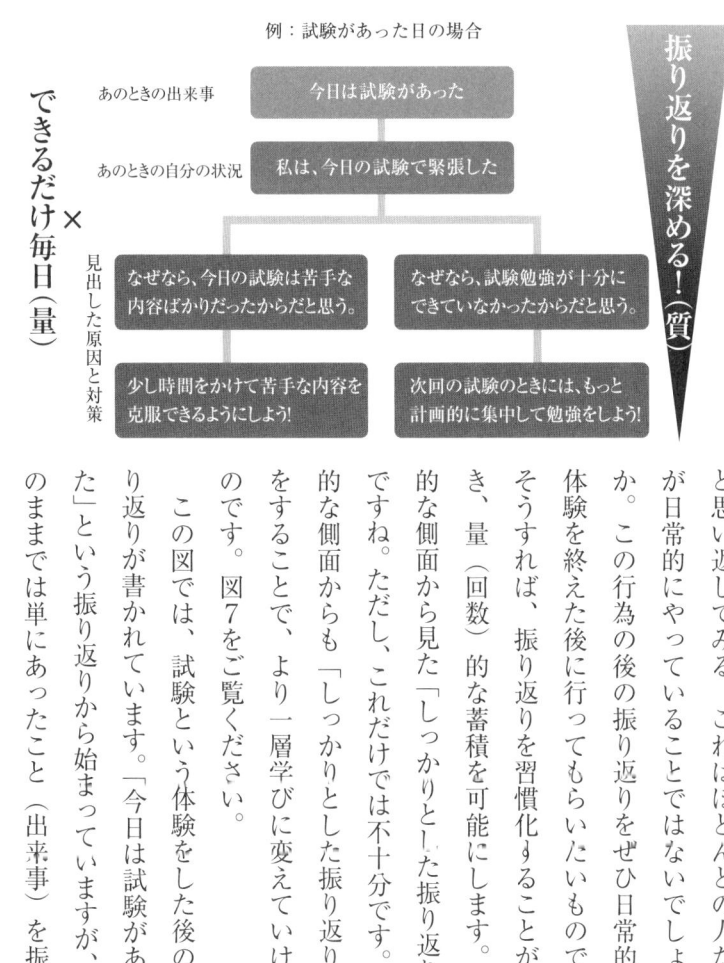

返っているだけに過ぎません。思わず、「だからどうしたの?」と尋ねてしまいたくなりそうです。そこで、さらに深めていきましょう。「私は、今日の試験で緊張した」となっています。体験の中での自分自身の状況や内面について言語化して振り返ったわけですね。あったことだけではなく、思ったことや感じたことまで振り返ることができました。それでは、もう一段階深めていくとどうなるでしょうか? 「なぜなら、今日の試験は苦手な内容ばかりだったからだと思う」「なぜなら、試験勉強が十分にできていなかったからだと思う」といった原因まで言語化して振り返ることができました。

そして、さらにその後にはこれらの原因に対する対策まで講じることができています。学びでいうところのこれからの教訓を導き出せた状態です。このように、振り返りの質を深めていくことで体験から経験、そして学びへと変化させることができるのです。逆に言えば、あったことだけを振り返り、それ以上深めていく習慣がなければ、量的には毎日振り返っていたとしても、学びにはつながりにくくなってしまいます。質的にもしっかりとした振り返りができ、それを量的にも積み重ねていけば、日常の様々な体験から学ぶことができ、いろいろな能力の獲得・向上へとつなげられるでしょう。その点では、毎日子どもたちが日記を書くことは大変おすすめしたい活動であり、量×質の振り返りを習慣化するための有効な方法ともいえます。

（2）「量×質の振り返り」がもたらすこと

このような量的にも質的にもしっかりとした振り返りをしていく中で、ショーンは「行為の中の振り返り」を可能にするといっています。次ページの図8をご覧ください。

図が示している通り、行為の中の振り返りとは行為をしている真っ最中の振り返りということです。つまり、何かをしているときの真っ最中であっても、自分と他者とそこにある状況をとらえて（振り返って）いる状態ですね。この振り返りができるようになると、そのときそのときの自分の言動に「もう一人の自分」が指示を出したり、調整したりすることができるのです。この真っ最中に振り返っているときの「もう一人の自分」をつくり出すためには、行為の後の振り返りを量的にも質的にもしっかりとしていく必要があります。

そして、このもう一人の自分による真っ最中の振り返り（自分の指示・修正も含む）のことを「メタ認知」と呼びます。メタ認知の「メタ」とは「超」という意味で、自分

【図8：行為の後の振り返りから行為の中の振り返りへ】

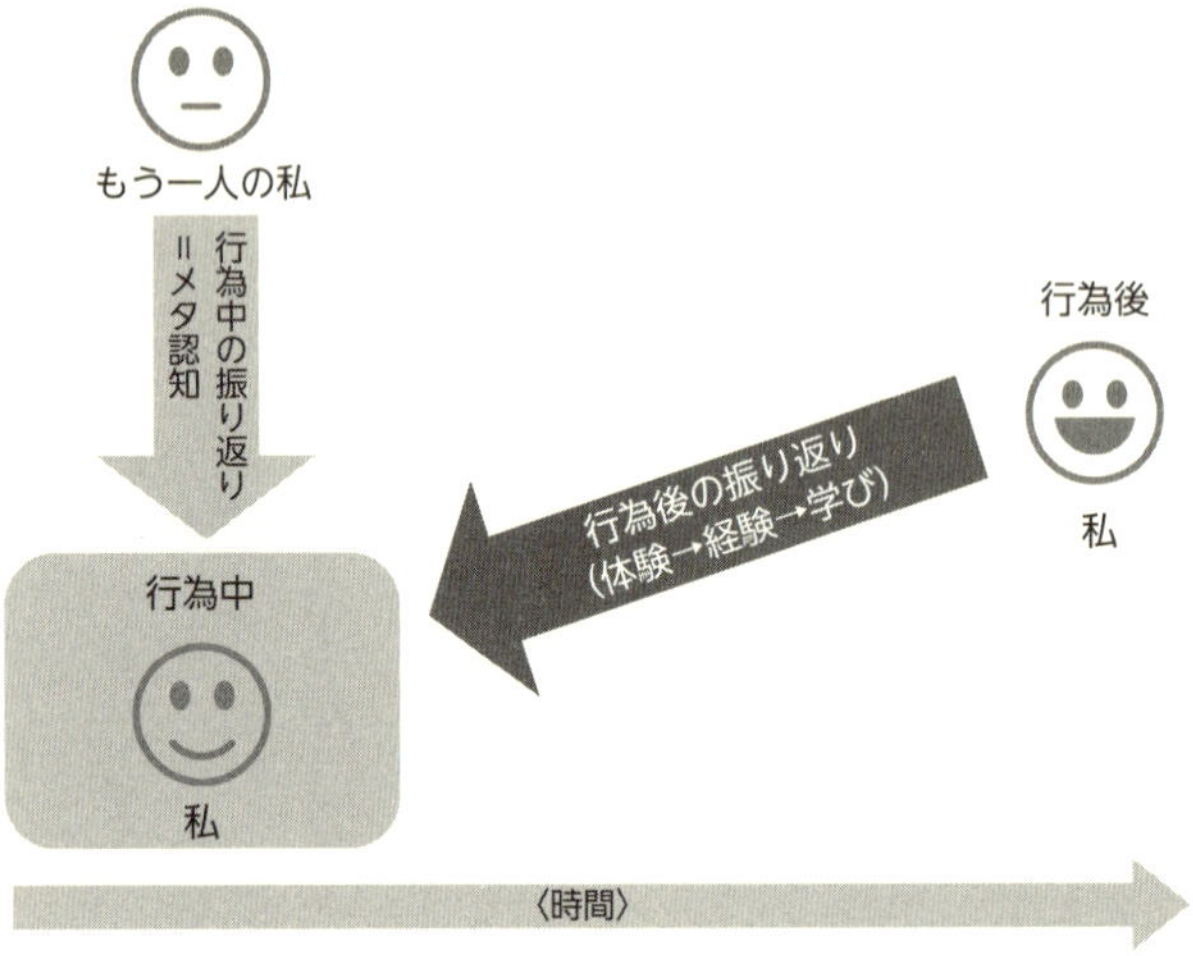

を超えたもう一人の自分によって自分や他者やそこにある状況を別の視点でとらえることを意味しています。つまり、量×質の振り返りは、豊かな学びを可能にするだけでなく、メタ認知までできるようにしてくれるのです。

このメタ認知ができれば、学校教育での学習場面だけでなく、日常生活の他者とのコミュニケーション場面ひとつをとっても効果てきめんです。誰かと話している真っ最中に、相手の表情が退屈し始めているのに気づき、話題を変えたり、話を手短にしたりという経験はありませんか？　この話題を変える、話を手短にするための指示はメタ認知によって出されています。もちろん、メタ認知は社会人になっても重要です。自分には何ができなくて、どうすればできるのかを把握しつつ、他者のアドバイスなどを受けながら、自分ができるようになるために調整していくのですから、まさに「己を知る（自分自身を自覚する）」ということにつながりますね。

（3）21世紀の学習者に求められる「メタ認知」ってなに？

ちなみに、メタ認知の重要性は（第Ⅰ章でもふれた）アメリカに拠点を持つ世界的な教育ネットワーク機関「ＣＣＲ（Center for Curriculum Redesign）」による「21世紀の学習者のための教育の４次元」の中でも提起されています。このＣＣＲの提起は、我が国の新しくなった学習指導要領の生きる力（第Ⅰ章参照）にも影響を与えたといわれていますが、今回の学習指導要領ではメタ認知やメタ学習までは記載がされていませんでした。

しかし、その一方で文部科学省（２０１８）による『Society5.0に向けた人材育成～社会が変わる、学びが変わる～』の中では、「狭義の学力だけでなく、主体性や協働性、自己調整などのメタ認知能力、他者に対する共感等についても、各学位プログラムの特質に応じながら、入学者選抜において問われるべきである」といった提示がされるようになりました。この文言からも、今後の我が国の教育でメタ認知能力などがますます求められることは容易に予測できます。

だからこそ、今後はどのように子どもたちのメタ認知能力を獲得・向上させていくかを真剣に議論し、実現させていく必要があるでしょう。今回の振り返りも、そのための方法の一つに十分なり得ることを提案しておきます。

5．子どもに対する大人のかかわりとは？

(1)子どもへのかかわり方はマニュアル化できない

本章の終わりに、大人のかかわりについて私の持論を展開しておきたいと思います。特に、小学生（児童期）を対象としたかかわりが中心になりますが、児童期だけに限らずそのほかの発達段階でもご活用いただければ幸いです。

ただし、いつでも誰でも同じようにできるマニュアル化した手順を提示するつもりはありません。例えば、「子どもをどんなときでもほめてあげましょう」というマニュアルには違和感を抱いてしまいます。もちろん、子どもに否定的なフィードバックをするより肯定的なフィードバックをする方が望ましいことはわかります。でも、その子の状況やその子との関係性によっては、いつもマンネリ化したようにほめられるより、はっきりと注意してもらいたかったり、感情的な一面を出してもらいたかったりすることもあり得るのではないでしょうか。

また、「子どもと話すときは、いつも子どもの視線の高さに合わせて話しましょう」というのも同様です。視線の高さに合わせた方がよいときと、そうでないときとがあるからです。

これらのように、大人の言動や行為を画一化したマニュアルにしてしまえば、その時々に応じたかかわりは難しくなってしまいます。たしかに、マニュアル化によって私たちは楽になるかもしれませんが、その一方で大人たちが自分の頭で考えながら子どもとかかわることを妨げてしまいかねません。特に、子どもがより一層多様な非認知能力を獲得・向上できるための支援をするならなおさらのことです。

そこで、これから大人のかかわりについて持論を展開していきますが、マニュアルではなく、もっと基盤となる汎用的な（画一的ではない）かかわりのあり方（子どものかかわりに対する考え方）について、先ほどのオリジナルな非認知能力と対応させながら提案することにします。

（2）6つのかかわりのあり方を提案

①子どもが自分自身と向き合える時間と環境を！

例えば、ぼ～っとしている時間も、子どもが自分自身と対話したり、向き合ったりするための大切な時間です。大人の勝手な価値観でこの時間を無駄な時間としてとらえないようにしましょう。これは、「子どもの権利条約（児童の権利に関する条約）」の中にある第31条「休息・遊び等に関する子どもの権利」とも大いに関係しています。子どもがぼ～っとすることを妨げるのは、子どもの権利を侵害してしまうことに加えて、非認知能力の獲得・向上をも妨げることになるのです。また、振り返りのときに紹介した日記などもそうですが、ぼ～っとすることも日記も子どもが自分と対話し向き合うための絶好の機会なのです。このことは「自己内対話能力」のために必要となります！

②子どもを一人の人格者としてとらえ、自ら選択や決定ができるための支援を！

「まだまだ子どもなんだから……」と子どもをとらえるのではなく、職場の同僚や地域の大人たちと同じ一人の人格者としてとらえ、つじつまの合ったやりとりをしていきましょう。そして、子どもにはこちらからの要望を押し付けるのではなく、できるだけ自分自身で選択・決定できるようなサポートをしていきたいものです。また、決定するということは子どもからの「ＮＯ」も受け止めなければなりません。子どもも大人も、自分の言葉ではっきり「ＮＯ」と言える力はとても大切です。これも子どもの思考や意思とつながるので「自己内対話能力」のために必要です！

③結果や才能、他者との比較ではなく、その子が取り組んできたプロセスに価値を！

前述した『ＧＲＩＴ』の考え方と同じですね。誰かと比べるのではなく、その子自身がどう変わってきたのかを実際に取り組んできたプロセスの中で見出しましょう。そして、その子が取り組み抜いてきたプロセスそのものの価値を見出して子どもと共有したいものです。これは、子どもの自制心につながるので「自己内対話能力」に必要です！　そして、子どもの自信や意欲につながるので「自己啓発能力」のためにも必要となります！

④大人の固定的で一面的なとらえ方ではなく、柔軟で多様なとらえ方を！

以前、「オンリーワンは、その中のナンバーワンのこと」という言葉をよく耳にする時期がありました。同感です。ただ、限られたナンバーワンではなく、より多様なナンバーワン（＝オンリーワン）を大人が見出してあげたいものです。○○ができる子になってほしい、と大人が期待を込めるあまり、その基準でしかナンバーワン（＝オンリーワン）になれないのは子どもにとって不幸なことです。それは、人人の方が子どもに対する期待に拘束されてしまい、もっと別なその子のナンバーワン（＝オンリーワン）をとらえられていない場合があるからです。柔軟で多様な基準が、その子をいろんなナンバーワン（＝オンリーワン）にしていけるのではないでしょうか。大人が率先してこのようなとらえ方をしていくことができれば、子どもの「自己啓発能力」も高められます！

⑤大人が積極的に楽しさとやさしさと悩ましさを！

子どもに言葉だけで「もっと楽しもう！」とか「もっとやさしくなろう！」と伝えても伝わりません。「学びは真似び（まねび）から」という言葉の通り、やはり身近な大人が楽しそうにしていたり、やさしくしていたりすることこそ、何より大切なリアル体験になるのではないでしょうか。また、こうしたポジティブな姿だけでなく、大人が悩んでいること（弱み）だって子どもと共有してもよいのではないでしょうか（もちろん内容にもよりますが……）。例えば、「あなたは○○しなさい」と注意するのではなく、「私が困っているから○○してほしい」と伝えるだけでも伝わり方は違ってきます。これは、楽観性などの「自己啓発能力」と他者との関係づくりになるので「他者協働能力」にもつながります！

⑥上から目線の「すごいね」「いけません」だけでなく、対等な「ありがとう」や「ごめんね」を！

大人と子どもの関係は得てして育てる側と育てられる側に垂直化してしまいがちです。しかし、子どもと一人の人格者として向き合う中で、対等な関係もつくっていきたいものです。大人が大人として、子どもへほめたり注意したりすることも必要ですが、同時に対等な人間として「ありがとう」や「ごめんね」と言い合えることも大切です。そこに年齢や立場は関係ないのですから……。こうした関係を子どもと築くことは、「他者協働能力」のために必要になります！

これら6つのかかわりのあり方（子どものかかわりに対する考え方）とそのかかわりに関連づけられる非認知能力について提案してきました。みなさんのかかわりの一助になることを願っています。

第Ⅲ章のまとめ

○人は体験したことを、自分の中へ内面化して経験に変えます。そして、その経験をさらに振り返ることで、新しい気づきや教訓を見出して学びに変えることができます。

○体験は、決して特別に用意された何かでなければならないのではなく、日常生活の中にある様々な出来事が体験になるのです。そのため、日常生活の中で振り返り、体験を経験や学びに変えていくことが大切です。

○測りにくい非認知能力を評価するために、子どもが表に出した言動をとらえて評価することをおすすめします。しかし、そのためにはその子からどのような非認知能力を引き出したいのか、具体的にした上で、評価するための段階をつくっていきましょう。

○具体的な段階をつくって評価できれば、漠然と育った・育っていないと評価せずにすみます。そして、この段階はできていないけど、この段階はできていると肯定的に子どもの現状をとらえられるとともに、その子を次の段階へ進めていくための支援のあり方も考えられるようになります。

○日々の振り返りは回数を重ねるだけでなく、あったこと（出来事）に対して、何を思い（考え）、次からはどうしていけばよいのか、という振り返りにまで質を深めることが大切です。それが習慣化できれば、これからの時代にますます必要とされてくるメタ認知能力の獲得・向上にもつながります。

○非認知能力は、限定されるものではありません。自分たちのオリジナルもつくることができるのです。大切なことは言葉にすること！　そして、その力を引き出すために子どもへ、適切な支援を行っていくことです。

第Ⅳ章

非認知能力を育てるための実践例
―大人たちの挑戦―

ガイダンス

第Ⅰ章から第Ⅲ章まで、そもそも非認知能力とは何か、いまどうして非認知能力が注目を集めているのか、この非認知能力を子どもたち（特に小学生の児童期）に育むためには何が必要なのか……というお話を私からの提案も含めて進めてきました。特に、第Ⅲ章では個々の大人たちがどうしていけばよいのか、といった提案をみなさんと共有することができましたね。

しかし、個々の大人がそれぞれにがんばったとしても、どうしても限界があります。そのため、大人たちが手を取り合って、組織ぐるみで仕組みやプログラム（教材含む）を作って取り組んでいくことも欠かせません。そして、とてもありがたいことに、すでに非認知能力の獲得・向上を目指した取り組みが大人たちの手によって実現でき始めているのです。

この章では、大人たちが子どもたちの非認知能力を育てるために組織的に取り組んでいる挑戦を紹介していきます。なお、学校教育ではなく、むしろ学校以外での取り組みを中心的に紹介します。いわゆる放課後（正課外）での子どもたちの活動の場です。例えば、第Ⅰ章でも少しふれましたが、放課後の生活と遊びの場でもある学童保育所（放課後児童クラブ）で、子どもの非認知能力を育てるためにどのようなことをしているのでしょうか？　また、これまでは認知能力を高めることを目的としていた習い事も、非認知能力に視点を当てるとどのようなことができるのでしょうか？　併せて、新たに非認知能力を育てることを目的とした独自のプログラムをつくるとしたらどのようなものができるのでしょうか？　そして、学校でも放課後でも非認知能力を育てていくことができるわけですから、双方が連携できるための方法はないのでしょうか？　さらに、これからますます求められてくるメタ認知能力を育てるために、子どもたちが量×質の振り返りをできるようにするにはどんな支援が可能なのでしょうか？　これらの問いに答えられるような取り組みが、すでに大人たちの手によってなされていることをご存知でしたか？

子どもたちの非認知能力を育むことを「絵に描いた餅」にすることなく、実際に取り組み始めている大人たちの挑戦をみなさんと共有していきましょう。そして、これらの取り組みを今後のみなさんの何らかの参考にしていただければと思います。ぜひ、読み進めてみてください！

1．放課後の居場所と学びの場で非認知能力を育てる
――学童保育（放課後児童クラブ）の挑戦！

（1）一人ひとりの居場所がみんなの居場所へ

これからは多様な他者と協調・協働していくことがますます求められてきています。だからこそ、非認知能力の中にも「他者と協調・協働する力」といったものが挙げられていました。しかし、そのためにはやはりいろいろな他者とつながる体験と経験が必要ですよね。大人が声高に「いろんな人とつながろう！」といくら叫んでも、そこに実際の体験と経験がなければ、言葉を聞いただけで終わってしまいかねません。

そのためのカギとなる考え方として「インクルージョン」という言葉があります。特に特別支援の中でよく用いられる考え方ですが、障がいのある・なしにかかわらず、いろいろな人たちが共に過ごすことのできる場をつくる、という意味です。したがって、障

がいがある子どもを別の場所で育てるのではなく、障がいがあってもなくても同じ場所で、多様性を認め合いながら育っていけるための「居場所」をつくっていくのです。

放課後の生活と遊びの場であれば、なおさらこの考え方に基づいて実践することが求められます。ところが、全国約２５０００か所を超える学童保育所（放課後児童クラブ）の中でもインクルージョンを実現できているところはなかなか少ないのが実情でもあります。もし、このインクルージョンが放課後のあちこちで実現すれば、児童期の頃から子どもたちはいろいろな仲間たちと、弱さを補い合い、強さを生かし合える体験と経験から非認知能力を身に付けていくことができるのですが……。

さて、そんな中で実際にこのような居場所づくりに日々挑戦している実践を紹介しましょう。滋賀県湖南市にある「みちくさクラブ（以下みちくさ）」です。このみちくさで主任支援員を務める田中一将さんは、一人ひとりの状況やニーズに合わせて物的環境と人的環境の両側面から「合理的配慮」に基づいたインクルーシブな学童保育所の実現を目指しています。

例えば、物的環境ではホワイトボードや連絡板を活用してスケジュールや連絡事項、話し合いの際の議論の要点などを書き出し、目に見えにくい内容を可視化するように努め

【写真1－①】

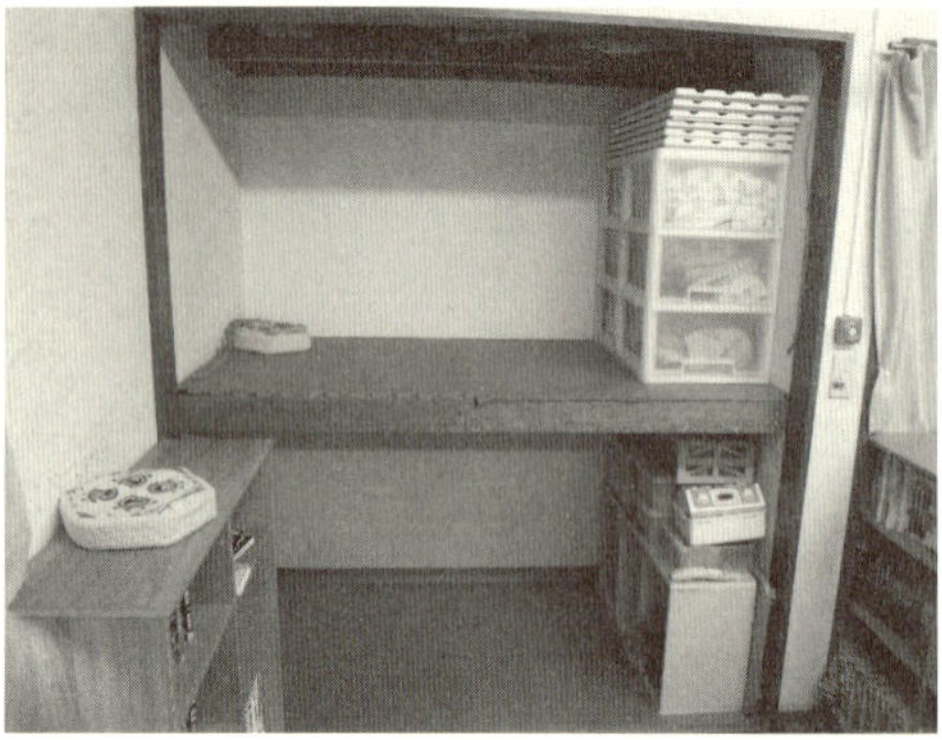

【写真1－②】

ています。さらに、遊具などの収納を自分の手でできるように棚や倉庫にはラベルシールなどを使って明示しています（あまり細かくなり過ぎないことがポイントです）。時計もアナログとデジタルを併用（写真1－①）したり、遊びや取り組みの予定や経過をグラフや表などを使って掲示したりと障がいのある・なしにかかわらず、誰もがわかりやすく過ごしやすい工夫をしているのです。また、こうした道具の活用に加えて、光や音、においや温度などがその子の「困り感」につながるようであれば、できるだけ早くに解消・軽減したり、集団そのものが苦手な子どものための個室や少人数で集まれる空間を設置・改善（写真1－②）したりと施設そのものへの配慮にも日常的に取り組んでいます。

そして、これらを支援員（大人）の方から一方的に工夫するのではなく、話し合いなどを通じて働きかけていることの理由や意図を子どもの中へ丁寧に落とし込んでいる点も重要なポイントといえるでしょう。単に物的環境だけに働きかけるのではありません。働きかけの理由や意図への理解を通じて、子どもたちが自分とは異なる子ども（例えば、自分なら気にならないけど気になる子どももいるなど）の存在を知り、多様性を受け入れられる関係（人的環境）を築くことができなければ、インクルージョンにはなり得ないからです。

さて、こうした物的環境と人的環境の二つの側面で合理的配慮によるインクルーシブな放課後の居場所づくりを目指している田中さんの実践レポートを次に紹介しておきます。

「心・根拠・機動力」に根差した居場所づくり

田中一将

この子のことをみんなで理解してあげよう！　そんな一方向的な関わりになってしまっていた過去の反省から、その子が本当に困っていることを知り、その子にとって快適な生活の場の実現に向けて子どもたちと話し合う。それをもとにみんなで

「納得」をつくり出すことを大事にしてきました。しかしこれは一筋縄ではいきません。過去には、ほかの子どもたちから注意ばかり受ける3年生のヤスシ（仮名）をめぐり、男子集団と女子集団が意見をぶつけ合うような語り合いの場へと発展したこともありました。しかしその後、彼が自分の足でこの場へやってくることそのものが、すごく大きな挑戦だったのだと、子どもたちが理解することへつながったのです。後日、子どもたちから彼にかけられた「ヤスシがんばっててんな」の一言。あれだけ執拗に飛び交っていた子どもたちからの注意が、その一言で完全に消え去ってしまったことは、私にとっても大きな出来事でした。

2年生だった頃、初めて交わした会話が「褐色脂肪細胞は脂肪燃焼に効果的か？」という自閉症スペクトラムの診断を受けていたアイコ（仮名）。そんな彼女が高学年になるにつれ、母子家庭の母との関係が崩れ始めていたことで、学校でもみちくさでも脱走を繰り返すようになりました。そんな彼女と二人きりで話したときに「もっと友だちほしいよな」と声をかけると途端に泣き崩れ、それこそ滝のような涙を流しながら吐露した「なんでわかるのっ⁉」という言葉から、人と違うことへの苦悩は、人とつながりたいという希望の裏返しなのだと確信した出来事でした。

そして、「みんなと同じようにできないんだ」「僕の心の中のどら焼きが爆発してしまうんだ」と訴えた同じく自閉症スペクトラムの診断を受けていた3年生のコウジ（仮名）。夏休みになって、超がつくほど苦手だった登山体験に挑んだ結果、周囲の子どもたちが彼の頑張りに感化され、これまでにないほど彼を励まし支え、また泣き叫びながら歩を進める彼から勇気をもらったものです。みんなと肩を組んで登頂したあの風景は、彼自身のみならず周りの子どもたちにとっても特別な経験になったことでしょう。

「インクルージョン」と聞けば響きはいいですが、そんなさらさらした言葉だけが一人歩きするものではないと思っています。この言葉の本質は、子どもたちの生活実態をどっしりと受け止め、泥くさく地道な遠く途方もない6年間のみちのりを共に歩む大人たちの覚悟のことであり、「あの子だけ特別扱いだ」という狭い視野にとらわれがちな周りの子どもたちが、それらを基本的人権の尊重に立脚した「最低限の配慮」へと視点を変え、共に考え実践していく営みのことではないでしょうか。大人や子どもたちそれぞれが自分という存在そのものを見つめ直し自己変革していくという「出会い直し」のプロセスそのもののことだと思うのです。一人の問題をみんなの当たり前に！　しかもそれらを重苦しくなく、自分にとって身近なものとして位置づけていくための工夫も必要になります。インクルージョンとは、そこにいる大人や子どもたちにとって挑戦の連続だと感じています。一方で、彼らや彼女らがなぜそのような言動をせざるを得ないのか、何に困っているのかという冷静な分析、科学的な「根拠」の把握は必要です。

私たちは、ＷＩＳＣなどの発達検査で子どもの特性を知ることができるため、保護者にお願いしてその結果を教えていただき、職員集団で共有し、現状から具体的な手立てまで丁寧に話し合い、働きかけへのヒントとしています。盲目的または情緒的に「わかってあげたい」「助けてあげたい」というだけの働きかけでは、かえって本人を困惑させることにもつながるものだと身をもって経験してきました。そして、一定の方針が見えたら迅速に実践に移すこと＝「機動力」。本人や保護者からの信頼関係構築の生命線は、このスピード感といっても過言ではありません。保護者との連携・協力はもちろん、学校や地域からの情報も参考になることが多いため、関係機関との連携を欠かしていません。居場所づくり。それは大人たちのこの仕事への「自信・誇り・使命感」を土台とした「心・根拠・機動力」を駆使する姿勢次第だと改めて感じているところです。

菩提寺学童保育所みちくさクラブ
〒５２０－３２４２　滋賀県湖南市菩提寺２０９３－３９７
主任：田中　一将

（２）新しい体験を「やらせる」のではなく「やりたい」に

さて、前章でも子どもたちにとって新しい体験との出会いが大切であることを提案しました。とはいうものの、大人が一方的に新しい体験を次々と押し付け、子どもたちにやらせるということではありません。しかし、大人たちが完全に手を離してしまうと、子どもたちが自分たちで新しい体験と出会っていくということが困難な現状も否めません。以前のように、地域に異年齢の子ども集団があり、遊びなどのいろいろな体験が継承していけるようでしたら、大人たちはむしろ手を離しておいた方がよいのですが、そうばかりもいってはいられません。大人たちから一方的な押し付けで新しい体験をさせるのでもなく、子どもまかせに放置しておくのでもない……大人たちは、子どもたちに新しい体験との出会いをどのようにつくり出していけばよいのか？　仮に提案から始まった体験だとしても、子どもがやり続けたい、次もやってみたい、という思いにしていくためにはどうすればよいのか？　このような問いと向き合って実際に取り組んでいる実践を紹介しましょう。愛媛県松山市にある「多機能学童保育広場すくっと（以下、すくっと）」です。

代表をしている豊田開吏さんは、すくっとで人とつながるための方法として「運動指導」に取り組んでいます。毎週2回、1回につき約1時間程度を設定して様々な運動体験を提供しているのです。この運動指導は、いかにも民間学童保育所が保護者に向けた付加価値よろしく実施しているように見えるのですが、実はそうではありません。すくっとでは、子どもたちに提案した新しい運動体験を、子どもたちにとって「やらされている」のではなく「やりたい」という思いになるための働きかけを追求しており、そこがとても興味深い挑戦といえるでしょう。

さて、すくっとでは子どもの「やらされている感」をなくすために、子どもの気分が乗らないときには、お休みできることを大前提としています。また、運動指導のことを

「修行」という名称に言い換えて子どもたちと共有している点も特徴的です。さらに、運動指導とはいっても子どもの運動能力を高めることより、子ども同士のつながり（人間関係）をつくることを一番の目的としています。そのため、同級生同士のつながりに加えて、上級生と下級生とのつながりにも着目することで、上級生のリーダーシップの獲得・向上にも働きかけているのです。

異年齢のつながりをつくるためには、「修行」を異年齢の子ども間で共有することが必要になってきます。つまり、縦割りのグループ化です。しかし、ここで大きな壁にぶつかってしまいます。学年によって運動レベルが大きく異なってしまうからです。すくっとのスタッフたちの間では、ここが重要な争点となりました。運動レベルを効果的に高めるのなら、同年齢でグループ化したほうが望ましいし、先ほどの子ども同士のつながりを大切にするのなら異年齢の縦割りグループが望ましいし……。結局、スタッフ間での議論の結果、後者（つながり）を重視することにしたそうです。

そして、ここからがまた大変になります。縦割りグループ分けのために、個々の運動レベルの現状を的確にとらえてバランスの良いグループにしなければなりません。また、提案したい種目にしても、例えば単なる鉄棒やかけっこなどのように個々の運動能力だ

【写真2：運動能力の向上や勝ち負け以上に、応援やアドバイス、助け合いが評価のポイントに】

けで完結するものでは、子ども同士のつながりをつくり出すことはできません。それでは本末転倒になってしまうため、すくっとではたとえ運動が苦手な子であっても同じグループの仲間と協力すれば楽しむことのできる種目を考案して提供するようにしたのです。すでにおわかりの通り、すくっとでは非認知能力の一つである「他者とつながるための力」や「楽観性」を「運動指導＝修行」によって子どもたちに育みたいわけですね。この目的を明確にしたことで、運動能力（数値化しやすい認知系の能力）ではなく、非認知能力を獲得・向上するためのグループ分けやプログラム作りが可能になりました。すると、スタッフたちが評価するポイントも明確になります。実際にすくっとでは勝ち負け以上に、応援やアドバイス、助け合いこそを評価のポイント（写真2）にしているのです。そうすることで、失敗した仲間を責めるような状況が生まれなくなったそうです。

子どもたちも、「修行」の中で何が大切なのかを学んでいることが伝わってきます。

この運動指導では、その気になれない子どもに無理をさせないという拒否権の尊重を前提にすることで、子どもの自己決定からスタートできるようにしていました。また、数値化しやすい運動能力の向上を重視しがちな運動指導ですが、「楽しむこと」や「つながり」といった非認知能力の獲得・向上を目指すためのグループ、プログラムを評価の観点にしたことで、子どもたちにも大切にしたいことが明確に伝わりました。実際に、当初は運動が苦手で渋っていたのに、いまでは一番に外へ出て参加するようになっている子どもも増えてきたそうです。楽しめることと仲間とつながれること……この非認知能力に特化した活動の柱立てこそが、新しい体験をやらせているのではなく、「やりたい」と思えるような方向付けにできているのではないでしょうか。

多機能学童保育広場すくっと
〒790－0867　愛媛県松山市北立花町6－19
URL http://sukutto.net/index.php
MAIL info@sukutto.net
代表：豊田 開吏

（3）「見通しを立て、行動にうつし、学びとる」ノートを活用

さて、学童保育所の実践事例もこれで最後になります。よく学童保育所は放課後の生活と遊びの場なので、自分のやりたいことを（反社会的でなければ）自由にのびのびとやればいい、といわれます。もちろん、この考え方はその通りで、子どもがぼ～っとする時間も含めて保障してあげたいものです。しかし、子どもたちがやりたいことができる放課後を大人たちが専門的に支援するならば、やはり大人はそこで目的意識を持ち、この子たちに育てたい力（非認知能力）は何かを明らかにして支援をすることが求められます。同時に、大人の支援を通してこの子たちがどのような力を身に付けられているのかを評価することも必要ですね。

子どもたちが放課後の時間を自分の意思で計画して実行し、振り返ること。そして、子どもの育ちを評価して保護者とも共有すること。これらの仕組みをつくって実際に取り組んでいる実践を紹介しましょう。岡山県岡山市にある「Ａ・Ｍ・Ｉ学童保育センター（以下、ＡＭＩ）」です。

ＡＭＩで独自に開発・活用している教材が『ぱるノート』です。第Ⅲ章で紹介したＰ

ＤＳＡサイクルを一人ひとりの子どもたちが回していけるように、「Ｐｌａｎ：見通しを立てる、Ａｃｔｉｏｎ：行動にうつす、Ｌｅａｒｎ：学びとる」の頭文字から『ＰＡＬ（ぱる）ノート』と名づけられています。ＡＭＩが作成した独自のノートへ書き込むのは、ＰｌａｎとＬｅａｒｎの部分となり、それぞれに枠組みが用意されています。つまり、計画を立てるところと学びになったところ（振り返り）を言葉にしていくわけです。１年生のまだ文字にすることがおぼつかない時期から、子どもたちはＡＭＩで日々この取り組みを続けています（ただし、時間の関係上、通常の放課後はＬｅａｒｎのみで、夏休み等の全日の放課後はＰｌａｎも追加）。

この『ぱるノート』によって、一日を立ち止まって振り返ることもできますし、朝からの活動時間が長いときには自分の意思で計画を立てることができるわけです。なお、ＡＭＩ全体の取り組みもありますので、そのスケジュールも視野に入れながら、自分（たち）のやりたいことをそこへ記入していきます。仲間と何かをするときには、ノートへ記入する前に予め仲間たちとのやりとりも必要になります。「今日、４時からいっしょにかくれんぼしよう！」などと声をかけ合うことで、初めてノートに計画として書けるわけです。もちろん、この計画通りにできるわけではありません。そこも含めて、一日の

【図1：ぱるノートの記入例】

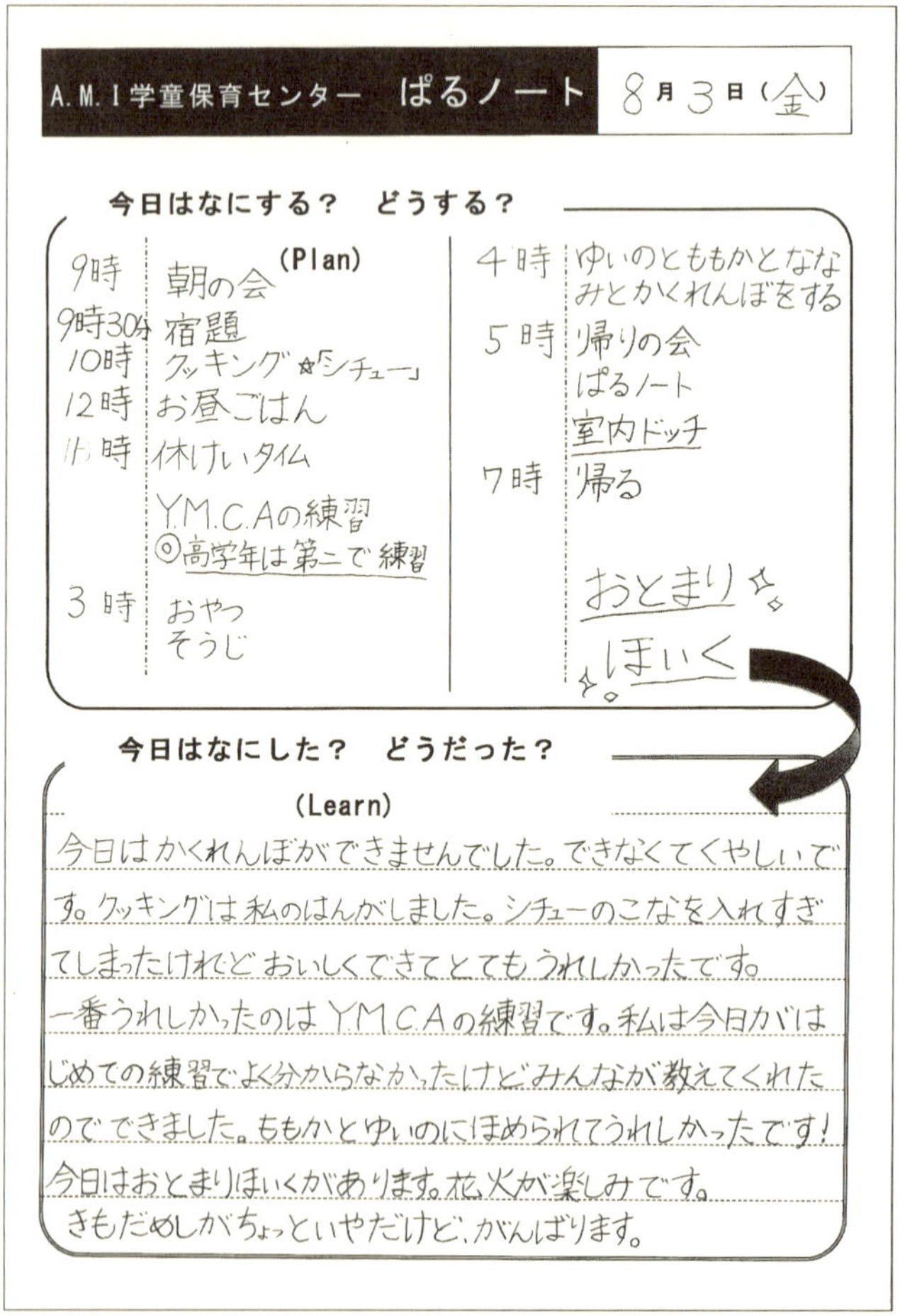

A.M.I学童保育センター　ぱるノート　8月3日（金）

今日はなにする？　どうする？

(Plan)

9時　朝の会
9時30分　宿題
10時　クッキング☆「シチュー」
12時　お昼ごはん
1時　休けいタイム
YMCAの練習
◎高学年は第二で練習
3時　おやつ
そうじ
4時　ゆいのとももかとななみとかくれんぼをする
5時　帰りの会
ぱるノート
室内ドッチ
7時　帰る

おとまり
ほいく

今日はなにした？　どうだった？

(Learn)

今日はかくれんぼができませんでした。できなくてくやしいです。クッキングは私のはんがしました。シチューのこなを入れすぎてしまったけれどおいしくできてとてもうれしかったです。
一番うれしかったのはYMCAの練習です。私は今日がはじめての練習でよく分からなかったけどみんなが教えてくれたのでできました。ももかとゆいのにほめられてうれしかったです！
今日はおとまりほいくがあります。花火が楽しみです。
きもだめしがちょっといやだけど、がんばります。

4年生女子が実際に書いた『ぱるノート』

【表1：AMIで育てたい3つの力】

①	人とつながる力	◯友だちに関心を持ってかかわる ◯友だちと話し合い折り合いをつける ◯仲間に頼ったり頼られたりする
②	課題を解決する力	◯いろいろな課題に挑戦し、実行する ◯課題解決のための計画や方法を考える ◯失敗しても次に向かっていく
③	将来に向かう力	◯基本的な生活習慣を身に付ける ◯自分の思いや考えを伝える ◯自分の感情をコントロールする

見通しから振り返ることを習慣づけ、明日に学びを生かせるようにした「仕掛け＝教材」こそが『ぱるノート』なのです。例として、右ページの図1に実際に子どもが書いたものを紹介しておきます。

さらにＡＭＩでは、放課後の子どもたちに育てたい力（非認知能力）として、表1の通り大きく3つの力を掲げています。そして、第Ⅲ章でも紹介した通り、これらの力をさらに具体化して、どのようなことができればその力を獲得・向上したといえるのかという評価指標も表の通り具体化（チャンクダウン）したのです。

それだけではありません。日々の放課後の子どもの姿や言動、子ども同士の関係性などをスタッフたちがキャッチして日常的に記録（個人記録）を蓄積していきます。そして、その個人記録に基づいて年

【表2：學びアセスメントシート の例】

A.M.I学童保育センター『學び』アセスメントシート

2015　年度		学年：　2　年生	氏名：　網出　まなぶ
育てたい力		4月　～　8月	
Ⅰ 人とつながる力	①周りの友だちに関心を持ち関わることができる	1年生の頃は、まだ一人でブロックなどをして遊ぶことが多かったまなぶ君ですが、まわりの友だち（特に下級生）が「よせて」と言ってくると、受け入れてあげて一緒にブロック遊びができるようになってきました。夏休みに入ると、班での食事づくりも自分から班のみんなの中に入っていって、一緒につくることができるようになりました。	
	②友だちと話し合い、折り合いをつけることができる	5月頃までは、ブロック遊びで自分の使いたいブロックをほかの友だちが使おうとすると、使いたそうにそれを見ていました。中々「使わせてほしい」ということが言えないまま別なブロックを使っていました。それから、次第に下級生には言えるようになってきたのですが、同級生以上の友だちにはまだ少し言いにくそうにしている状況です。	
	③仲間に頼ったり、頼られたりすることができる	夏休み前には、ブロック遊びで1年生に「ブロック恐竜」の作り方を教えてあげる姿も見られ、2年生としての頼もしさを感じました。夏休みになって、上級生たちと一緒に活動することが増えると、いままでは上級生が助けてくれるまでじっとしていることが多かったのが、自分から「教えて」「どうやるん？」などと尋ねることができるようになってきました。	
Ⅱ 課題を解決する力	①いろいろな課題に挑戦し、実行することができる	目の前に考えなければならないことが出てくると、そこで「お手上げ状態」になることが多かった1学期。ところが、夏休みになってから、段々と変化が見えてきました。班での食事づくり、8月後半にあったお化け屋敷イベントでは、「これ、どうしようか？」と指導員や上級生に尋ねてみたり、「う～ん…」と考えてみたりと解決しようという意思が見受けられました。	
	②課題解決のための計画や方法を考えることができる	①のように考えようとすることができたり、わからなかったら尋ねようとすることができたりと変化は見えてきていますが、まだ具体的な計画や方法を考え付くところまでは難しいようです。とはいうものの、周囲からアドバイスやサポートを受けて課題を乗り越えようとしていく中で、これからはこうした経験をもとに自分で考えていけるようになっていくのではと思います。	
	③失敗しても次に向かっていくことができる	1年生の頃は、何より失敗をしたくないという気持ちの方が強く出ていたように思われます。しかし、2年生になって行動の範囲も少しずつ広がり、「うまくできない」という経験もするようになりました。7月にオニごっこでオニになったとき、誰も当てることができず泣きそうになってしまうこともありましたが、そこをぐっとこらえているような姿にたくましさを感じました。	
Ⅲ 将来に向かう力	①基本的な生活習慣を身に付けることができる	日々の生活については、かなり安定して組み立てられるようになってきました。特に、勉強→遊び→おやつ→遊びという一連の生活の流れについては生活習慣として定着しており、指導員からの声かけも特に必要としない状況です。しかし、時々いつもの流れと違う生活をしなければならないときには、戸惑ってしまい、周囲とペースが合わなくなってしまうこともあります。	
	②自分の思いや考えを伝えることができる	1年生の頃は比較的内向的な姿が多く、指導員には自分の思いを伝えることができるようになった一方で、仲間には中々伝えられないという姿が目立っていました。しかし、下級生や上級生との交流も広がり、5月以降からは下級生に教えてあげたり、夏休みには上級生から教えてもらったりという姿が見られるようになっています。	
	③自分の感情をコントロールすることができる	オニごっこで泣きたいのをぐっとこらえる姿、ブロックで自分が使いたいのに我慢する姿など、自制心が育まれていると思います。その一方で、7月頃まではそんなに我慢しなくてもいいのに…と心配することもありました。しかし、8月のお化け屋敷イベント当日、お化け役をしてみんなを驚かせている時のはじけ方、はしゃぎ笑いなど感情を思いきり出している姿も見られるようになっています。	

2年生上半期のアセスメントシート

間2回『學びアセスメントシート』として右ページ表の項目ごと（全9項目）にまとめていき、保護者と共有しているのです（表2の例を参照）。小学1年生から6年生までＡＭＩへ通わせた子どものご家庭は、計12枚のシートが手に入ることとなり、いままでは保護者にとってこのシートは喜びの一つであるとともに、スタッフにとっても「もっとこの子には、こうかかわれたらよかった……」などと自らの支援のあり方を振り返られる機会にもなっているようです。

Ａ・Ｍ・Ｉ学童保育センター
（一般社団法人　子ども學びデザイン研究所）
〒700－0925　岡山県岡山市北区大元上町13－21
URL http://ami.gakudo-hoiku.jp/
MAIL ami-okayama@cmd.or.jp
代表理事：小山　壱也
センター長：中野　健汰

2. 書を通じ姿勢を意識することで非認知能力を育てる
―ある書道家の挑戦！「よひせんプログラム」

(1)「よひせん」って何？

「よひせんプログラム」を説明する上で、まず次枠のスローガンをご覧ください。

よく踏み、ひじ張り、せすじをスッ！

このスローガンを踏まえて、「よい線」を書くことがプログラムの目標になっており、傍線部の頭文字とよい線とをかけ合わせて「よひせん」と呼んでいます。このプログラムに関して実際の開発者である書道家の山本満理子さんは、次のように述べています。

「私（山本氏）は、書を通じて姿勢を徹底的に意識することで、子どもたちの集中力や持続力、自制心といった非認知能力を向上させたいと『よひせんプログラム』を開発しました。もちろん、これまでも姿勢の大切さはどこの書道教室でも伝えてこられたと思いますが、子どもたちはどうしても字を書くことに一生懸命になってしまい、姿勢が崩れやすくなります。また、書は線の芸術ですから、その本質である線にもっとこだわりたいという思いもあり、この『よひせんプログラム』では、あえて字は書かず、徹底的に姿勢を意識して、少しでもよい線を書くことを目的としました。」

ここまでが山本氏の語りです。いかがでしょうか？　書道に精通されている方でしたら、当たり前のことのように思われるかもしれません。しかし、その当たり前のことを敢えて非認知能力向上のための特別なことにとらえ直したからこそ、「よひせんプログラム」は新しい書道の挑戦につながっているのです。

山本氏が述べているように、これまでは「よい字（美しい字）」を書くことに書道の価値は置かれがちで、それが子どもたちの姿勢の維持にマイナスとなっているのではないか、という仮説に基づいています。そして、字ではなく、よりシンプルな線に着目することで姿勢の維持と集中力や自制心（非認知能力）の向上につなげていくわけです。書道教室等で行われている書道の導入的な取り組みを、むしろ核となる取り組みにした逆転の発想ともいうべきプログラムになっています。

（2）じっくり集中して線を書く独自教材

通常の書道の導入では、真っ白な半紙に線を書いたり、漢字の「一」から始めたりというケースが多いのですが、この導入そのものを取り組みの核にした山本氏は独自の教材を作成しました。図2にその一部を紹介しておきます。このように、線にも様々な形状があります。必然的に様々な形状の線を書くことで難易度も異なってくるのです。そのため、まずは最も書きやすい「横一線」を初級として、さらに「縦一線」やもっと複雑な形状に伴って中級から上級へと教材をわかりやすく構造化しています。また、山本氏は「よひせんプログラム」を進めていく上で、すぐに級を上げるのではなく、一つひとつの教材にじっくり取り組むことを大切にしています。

このじっくりと線を書くことが重要なポイントともいえるでしょう。いかに早く物事をこなすかが重視されている昨今、子どもたちはシンプルな線をゆっくり書くという営みにじっくりと取り組むからこそ、そこへ没頭することができるのです。そのため、線を書くときの呼吸にも注意を向けます。ゆっくりと息を吐きながら筆を進めていく過程は集中力を促していることが実際の子どもたちの姿からよく伝わってきました。

なお、次の写真は、このプログラムに初めて取り組んだ小学生たち（上は2年生、下は3年生）です。

【写真3：よひせんプログラムに取り組む子どもたち】

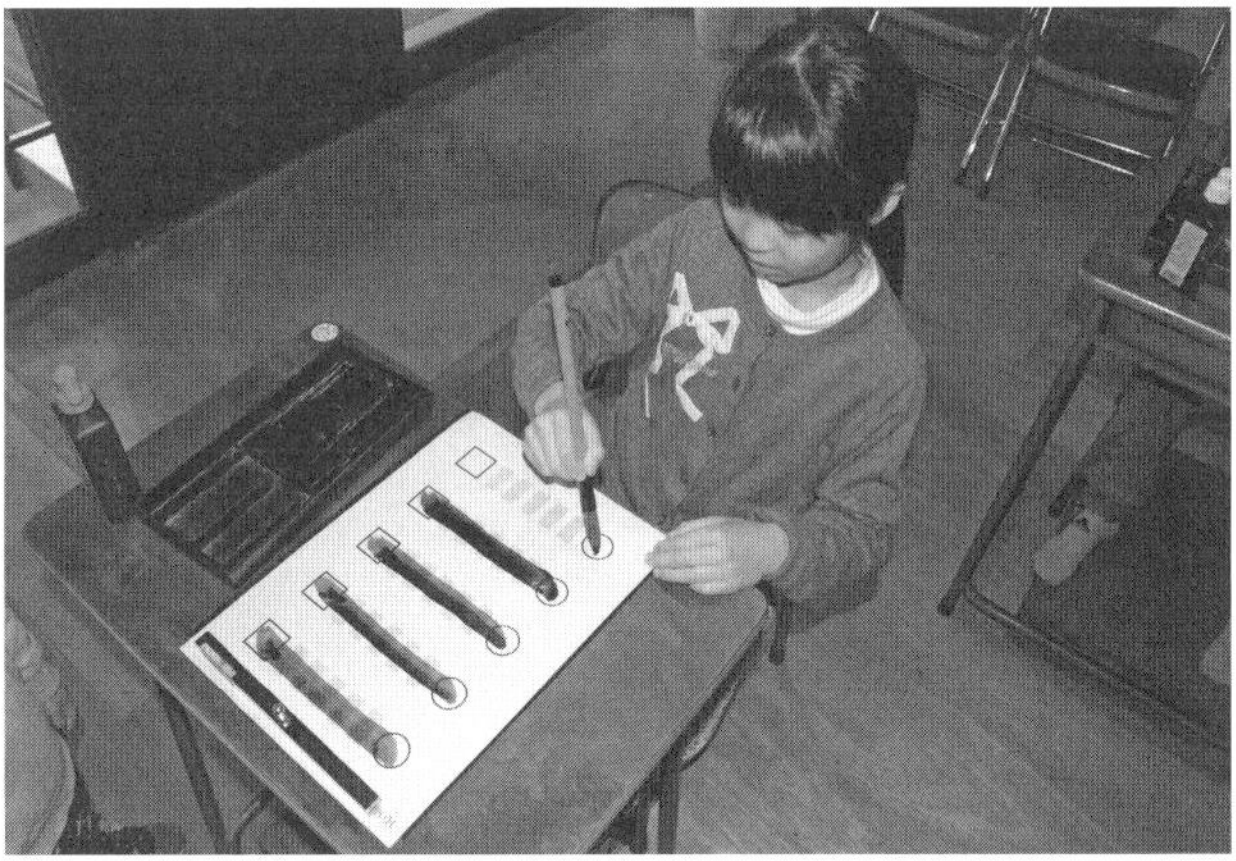

【図2：よひせんプログラムの教材例】

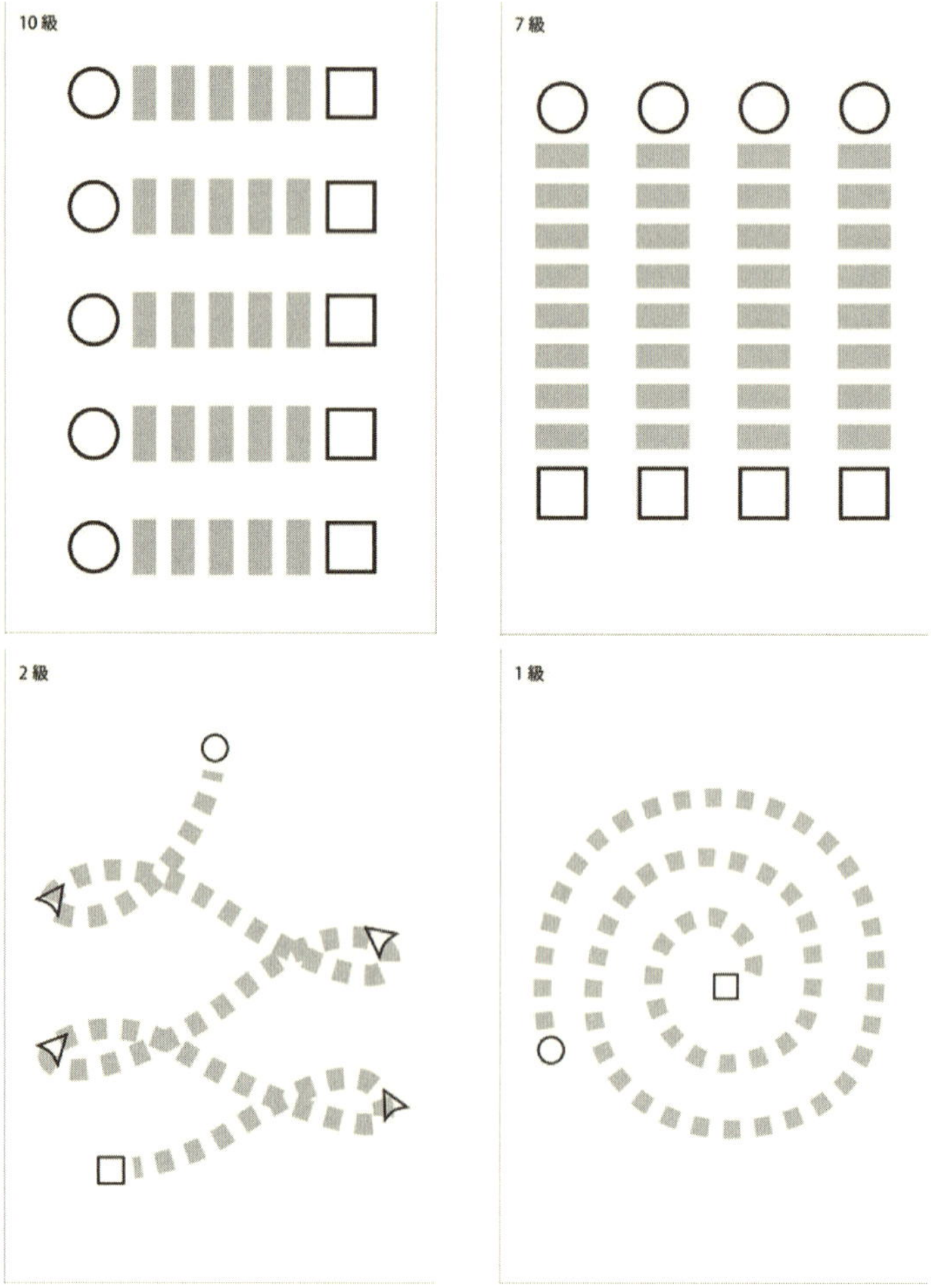

※1）○が始点、□が終点、△は曲点として記号化してあります。
※2）印刷してある用紙は半紙と同質の特殊な紙に特別な印刷加工をしてもらっています。

（3）「よひせんプログラム」での評価とは

先ほどの独自教材も「よひせんプログラム」にとって重要な役割を果たしているのですが、何といってもこのプログラムの最も重要なポイントは評価方法にあるといえます。山本氏は、前述の通り姿勢に力点を置いているため、線の出来栄えを評価するのではなく、「よひせん」のスローガン通り「よく足を踏めているか？　ひじを張れているか？　背筋をスッと伸ばせているか？」などに焦点を当てた姿勢のよさを重点的に評価します。よい線を書こうとすればよい姿勢が求められ、よい姿勢を意識・維持できれば自ずとよい線になるという考え方です。

さらに、この評価をよりわかりやすくするために第Ⅲ章の115ページで紹介した「パフォーマンス評価」を用いている点も特筆すべきでしょう。このプログラムではとりわけ姿勢に特化した評価項目を設けて、プログラム終了後に指導者が評価を行います。具体的には表3の7項目となります。

【表3：よひせんプログラムのパフォーマンス評価シート】

No.	評価項目	評価内容
①	筆の持ち方ができている?	◯筆の軸をまっすぐ立て、中ほどを持ち、親指・人差し指・中指の3本で筆を支え、薬指と小指が添えられている ◯手のひらに卵があるイメージで筆を握りしめない
②	左手の置き方ができている?	◯左手の指を揃えて、手首までで紙を押さえる
③	足の踏み方ができている?	◯両足を床にぺたんとつけて、少し踏ん張る
④	背筋を伸ばせている?	◯腰を立ててお腹に力を入れて、背筋をスッと伸ばす
⑤	机とよい距離がとれている?	◯お腹と机の間に握りこぶしが一つ入る程度に隙間をあける
⑥	頭がしっかりと置けている?	◯胸を張る ◯あごを引いて頭を背筋の上に乗せる
⑦	肘をしっかりと張れている?	◯腕と肩の力を抜く ◯肘と手首が同じ高さになるように肘を張る ◯手首が浮いてしまわないように少し押さえる

このように評価項目や評価内容を予め明確にしておくことで、単に「よい姿勢」という漠然とした評価をより一層具体的にできるため、指導する際にどこを評価し、どこを指導すればよいのかがわかりやすくなります。また、実際の評価も「レベル1（1点）：やろうとしている」「レベル2（2点）：サポートありでできる」「レベル3（3点）：自分でできる」という3段階に分けられており、評価の際にはそれぞれの項目がどのレベルに達しているのかを評価できるとともに、点数化して総合的な評価もできるわけです。この評価方法によって、今回は何ができるようになったのか、次回は何に気を付ければよいのかという子どもたちへの意識づけも可能となりますね。

ちなみに、実際の「よひせんプログラム」でのパフォーマンス評価シートが次ページの図3の通りとなります。

(4)いったい、どんな成果が出るの？

ここまで、「よひせんプログラム」のコンセプトと独自教材、そしてよい姿勢に特化したパフォーマンス評価について説明してきました。それでは、このプログラムによって

【図3：よひせんプログラムのパフォーマンス評価シート例】

よひせんプログラム　パフォーマンス評価シート

名前	2年生男子 書道未経験者	合計点数：12点	日付	3月3日（土）

No.	評価項目	評価内容	やろうとしている	サポートありでできる	自分でできる
①	筆の持ち方ができている？	・筆の軸をまっすぐ立て、中ほどを持ち、親指・人差し指・中指の3本で筆を支え、薬指と小指が添えられている ・手のひらに卵があるイメージで筆を握りしめない		○	
②	左手の置き方ができている？	左手の指を揃えて、手首までで紙を押さえる		○	
③	足の踏み方ができている？	両足を床にべたんとつけて、少し踏ん張る		○	
④	背筋を伸ばせている？	腰を立てて、お腹に力を入れて、背筋をシュッと伸ばす	○	○	
⑤	机とよい距離がとれている？	お腹と机の間に握りこぶしが一つ入る程度に隙間をあける	○	○	
⑥	頭がしっかりと置けている？	・胸を張る ・あごを引いて頭を背筋の上に乗せる	○		
⑦	肘をしっかりと張れている？	・腕と肩の力を抜く ・肘と手首が同じ高さになるように肘を張る ・手首が浮いてしまわないように少し押さえる	○		
			1点×2 2	2点×5 10	3点×

よひせんプログラム　パフォーマンス評価シート

名前	2年生女子 書道経験者	合計点数：17点	日付	3月3日（土）

No.	評価項目	評価内容	やろうとしている	サポートありでできる	自分でできる
①	筆の持ち方ができている？	・筆の軸をまっすぐ立て、中ほどを持ち、親指・人差し指・中指の3本で筆を支え、薬指と小指が添えられている ・手のひらに卵があるイメージで筆を握りしめない			○
②	左手の置き方ができている？	左手の指を揃えて、手首までで紙を押さえる		○	
③	足の踏み方ができている？	両足を床にべたんとつけて、少し踏ん張る		○	
④	背筋を伸ばせている？	腰を立てて、お腹に力を入れて、背筋をシュッと伸ばす			○
⑤	机とよい距離がとれている？	お腹と机の間に握りこぶしが一つ入る程度に隙間をあける			○
⑥	頭がしっかりと置けている？	・胸を張る ・あごを引いて頭を背筋の上に乗せる		○	
⑦	肘をしっかりと張れている？	・腕と肩の力を抜く ・肘と手首が同じ高さになるように肘を張る ・手首が浮いてしまわないように少し押さえる		○	
			1点×	2点×4 =8	3点×3 =9

実際にどのような成果が出てくるのでしょうか？　今回は、小学校や書道教室などでまだ書道を経験したことのない小学2年生の男子児童（以下、A君）に試してもらいましたので、紹介しておきましょう。

まず、山本氏の指導によってA君は先ほどの姿勢を意識して維持できるように取り組みました。ここで山本氏は、A君に線の書き方の指導や彼が書いた線に対する評価をしません。そのような中、プログラム開始後30分経ったときのA君の姿勢の変化をBefore（左）→After（右）として写真4の通り記録しておきました。A君の両足はしっかりと

【写真4：A君の姿勢の変化】

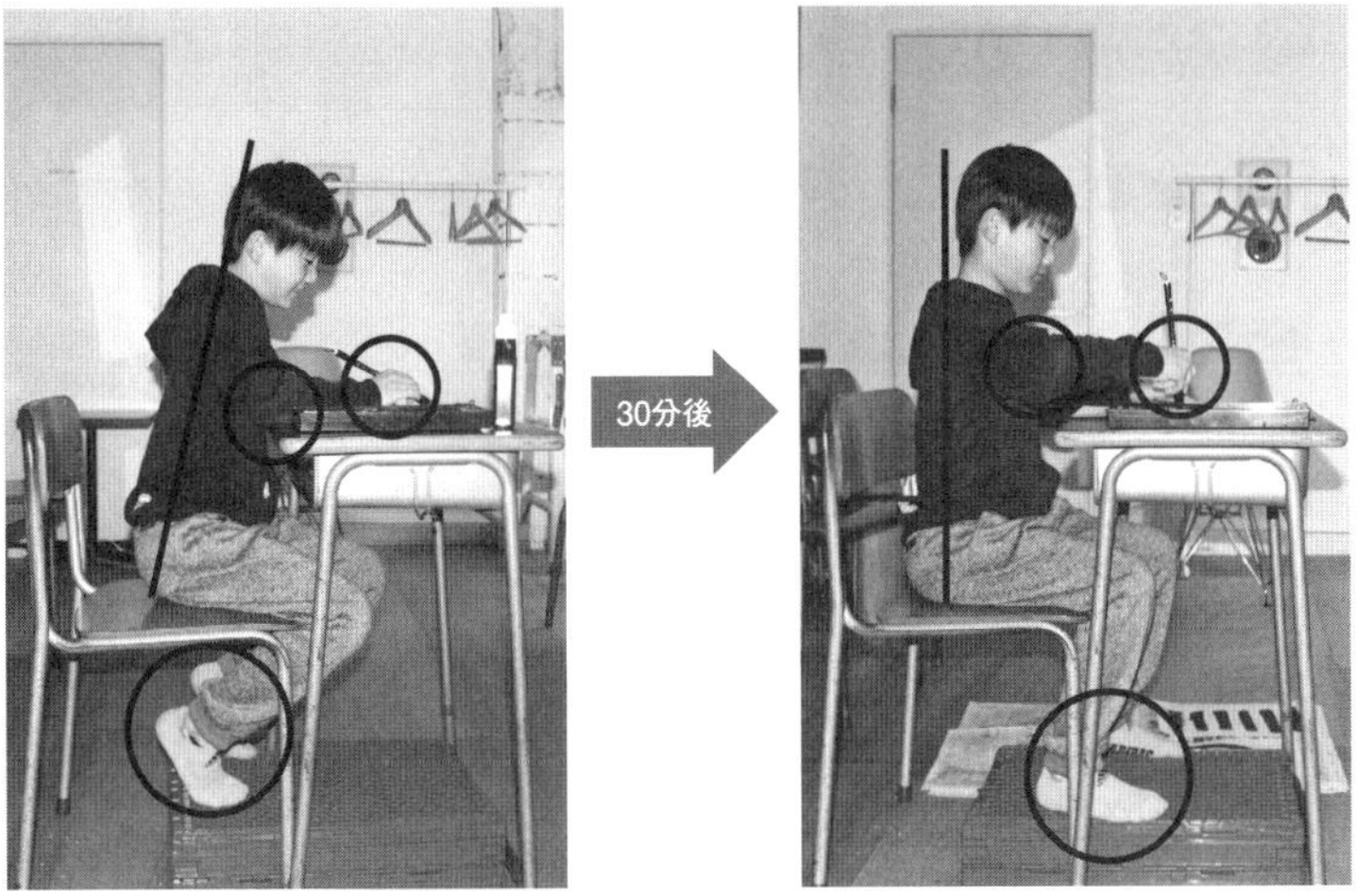

踏ん張ることができ、筆も立ち、ひじもしっかり張れています。また、背筋から頭にかけてまっすぐスッと伸び上がっていますね。このように見比べても、たった30分間で一目瞭然の変化を生み出せたことがわかります。山本氏の指導の賜物であると同時に、よい姿勢を強く意識しながら文字ではなく線を書くことに集中できるプログラムの利点がうかがえます。

次に、このような姿勢の変化の中で評価の対象となっていない線そのものはどのように変化したのでしょうか？　30分間のプログラム中で最初の1枚（左）、中間時の1枚（真ん中）、終了時の1枚（右）を次ページの図4のように並べてみまし

【図4：A君の線の変化】

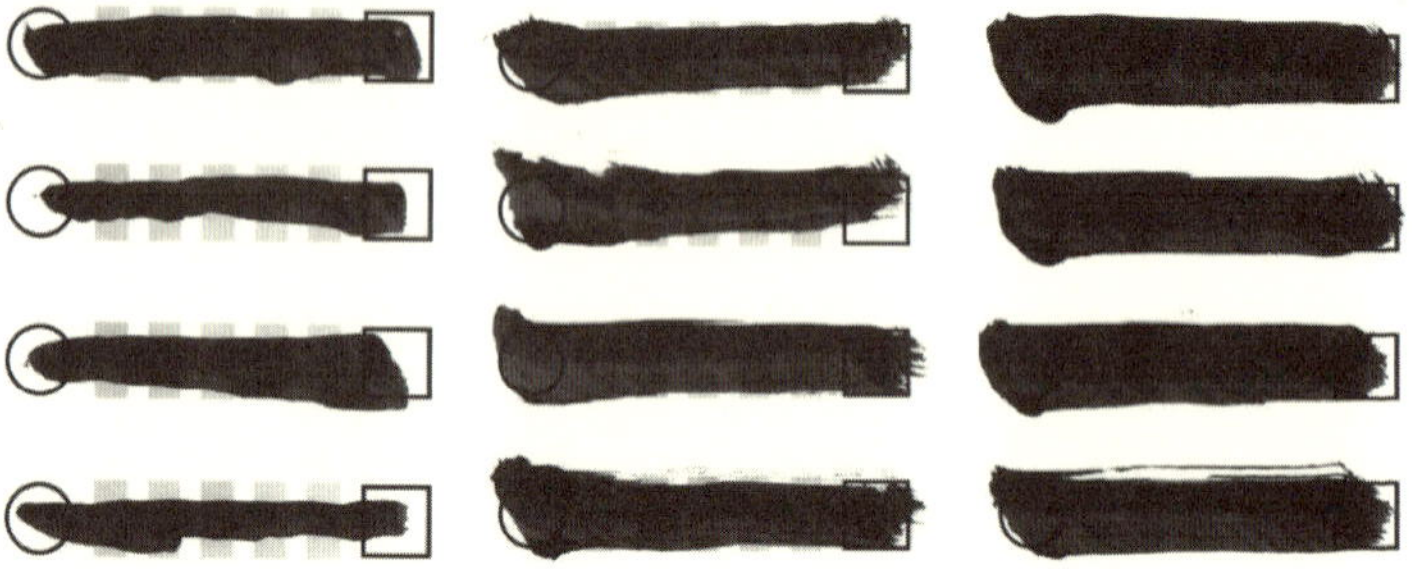

○２年生男子（書道未経験者　※前ページのA君）
・ぼくは、しゅうじをはじめてして、こんなにうまくかけるなんてびっくりしました。ちょっとだけよいしせいでできました。
・よいしせいでやるのは、むずかしかったです。さいしょはふあんだったけど、あとからやるとかんたんにかけるようになりました。

○２年生女子（書道経験者）
・よこの線よりたての線の方がむずかしかったです。
・はじめの線と、おわりの線のちがいがよく分かりました。
・ていねいにおしえてもらえたので、書くのが楽しくなって、たくさん書いてしまいました。またおしえてもらいたいです。

○３年生女子（書道経験者）
・習字で一番スッキリかけたのは、太い線でかくのが一番スッキリしました。
・一番集中できたのは、細い線でかくのが一番集中できました。
・せすじがのびたのは、いい字をかこうと思った時です。

※下線は筆者による

た。右側へ進むにつれて「起筆・送筆・収筆」がしっかりしてきたことが明確にわかります。そして、ここで重要なことは、この変化を「起筆・送筆・収筆」に関する直接的な指導でつくり出したのではなく、169ページの写真の通り、よい姿勢に対する意識と維持へ働きかけて生み出した点なのです。この記録は、よい姿勢を意識・維持できれば自ずとよい線になるという山本氏の提起を裏付けるものとなりました。まさに、「よひせんプログラム」の大きな成果といえるでしょう。

ちなみに、実際に「よひせんプログラム」に初めて取り組んだ子どもたちはどのような感想を持ったのでしょうか？　右に子どもたちの感想文を紹介しておきます。

下線部からも、子どもたちは姿勢をよくすることや背筋を伸ばすことをしっかり意識できていることがわかります。また、教材の形状（横一字から縦一字、太い線から細い線など）によって難易度が変わることも、子どもたちの感想から表れています。さらに、単に線を書いているだけのようですが、子どもは最初の線と最後の線の違いをはっきり区別できている点も興味深い感想です。いずれの感想からも子どもたちが「よひせんプログラム」に充実感を持てたことがとてもよく伝わってきますね。

(5)集中力や注意力を高め、多様な価値観を大切にできる

「よひせんプログラム」では、一本の線を書くというシンプルな取り組みの中に、(身体的な)姿勢に対する意識づけに加えて、しっかり時間をかけて一本の線を書ききるという活動が盛り込まれています。よい姿勢を意識して維持するという身体的な活動が、よい線を書ききるという流れになっているわけですから、自分自身をコントロールする力ややり抜く力といった非認知能力につながっているのです。また、このシンプルな取り組みだからこそ、短時間であっても活動へ没入できる「フロー状態」につながっていると考えられます。このフロー状態の体験は、以降の様々な活動(例えば、勉強やスポーツなど)にも没入して集中力を発揮できるといわれているため、子どもの成長のカギになることは言うまでもありません。

また、プログラムに参加した子どもたちとのやりとりからもう一つ面白いことに気づかされました。先ほどの記録写真にあったように横一線が上から下まで並んでいる紙面を見ながら、子どもたちは「私は上から2番目」「僕は3番目かな」などと、どの線がよい線かを評価し合っているのです(前述の子どもの感想にも同様のコメントがありまし

た)。子どもたちが、一見何の変哲もないシンプルな線たちを見比べ、そこから「よい線」という価値を見出しています。こうした体験で、子どもたちは注意力に磨きをかけることができ、多様な価値観を大切にでき、多面的に物事を考えられるようになるのでは……と期待を持つことができます。

ここまで、すでにある書道の世界に非認知能力の視点を入れることでできた「よひせんプログラム」を紹介してきました。「イノベーション」という言葉が表しているように、これまで取り組んできたことに新しい考え方や切り口をもたらすことで変化をつくり出す。これまで伝統的に大切にされてきた書道に、非認知能力やパフォーマンス評価などの視点が加わったことで「よひせんプログラム」が誕生しました。これまでも我が国でずっと大切にされてきた書道が、これから、たとえ時代が変化しても子どもたちの教育にとって重要な役割を果たせることを確信できるのではないでしょうか。

山本満理子書道教室
URL https://www.marisyo.com/
代表：山本 満理子（書家）

3．非認知能力を育てるために新規開発
―菅公学生服の挑戦！「カンコーNCSプログラム」

（1）「カンコーNCSプログラム」とは？

我が国の学生服シェアNo.1を誇る菅公学生服株式会社（以下、カンコー）。いま、このカンコーが新しい挑戦を始めています。これまでも「ものづくり」に注力してきたカンコーですが、これからの時代のために日本の子どもたちを、そして日本の教育を元気にしていきたいと「ひとづくり」にも力を入れ始めているのです。そして、この「ひとづくり」のための様々な取り組みを遂行するために、カンコーでは新たに（一般社団法人）カンコー教育ソリューション研究協議会を立ち上げ、そこで「カンコーNCSプログラム」の開発を進めてきました。

NCSとは、「Non Cognitive Skills」の頭文字をとっています。つまり、非認知能力のことですね。先ほどの「よひせんプログラム」のように、すでにある書道を非認知能

【表4：カンコーＮＣＳプログラムで掲げた5つの非認知能力】

やり抜く力	たとえカベにぶつかっても乗り越えようとでき、ルールや約束を守ることができる力
動き出す力	自分の頭で考え、決めた上で、それを実際にやってみることができる力
思い描く力	いろいろなアイデアを思いつき、アイデア実現のために計画を立てられる力
伝え伝わる力	自分の思いや考えを言葉で伝えるとともに、人の話や意見も聞くことができる力
気づき深める力	いろいろなことに気づくことができ、興味関心を持って探求できる力

力という観点から再構築する取り組みとは異なり、最初から子どもが非認知能力を獲得・向上できるように新規開発したプログラムになります。

第Ⅲ章でも紹介した通り、漠然とした多様な能力になりがちな非認知能力ですから、こうしたプログラムを開発する上で最も重要になってくるのは、どのような非認知能力をプログラムの中で獲得・向上させたいのかを明確に言語化しておくことです。カンコーＮＣＳプログラムでは、多くの議論を重ねた結果、表４の５つの非認知能力を掲げることができました。

（2）「ものづくり」のプロセスから非認知能力を獲得・向上

次に、前ページの表4のような5つの非認知能力を実際に子どもたちが獲得・向上できるための具体化が必要です。幸いにカンコーはものづくり企業としての強みがありました。何らかの製作活動をするためのノウハウや材料などを豊富に兼ね備えているわけです。したがって、「ものづくり」を中心としたプログラム開発を始めたのですが、単なる「ものづくり」であれば、すでに子どもたちの身のまわりにある従来型の体験活動と大した違いはありません。

そこで、その製作過程にこそ先ほどの非認知能力を獲得・向上できるような仕掛けをつくり出すことができるのではないか、となったのです。一言でいえば製作に到るまでの「企画会議」ですね。どのようなコンセプトを持って、誰をターゲットにして、実際に何を作っていくのか……これらについてまずは話し合うわけです。就職試験や入学試験などで活発に取り入れられているグループディスカッションを「ものづくり」のプロセスへ明確に位置づけ、その中で5つの非認知能力を獲得・向上できるようにしていきたい。このようなねらいによってプログラムに共通する基本的な骨格がつくられました。

この「ものづくり」の中へ企画会議（当プログラムではクリエイティブディスカッションと呼んでいます）を組み込むことには、とても大きな価値が3つあると考えられます。1つ目に、子どもが単に材料を与えられてお客さんのように（受け身的に）体験活動へ参加することを防ぐことができます。2つ目には、実際に自分（たち）が作るものについて議論をするのですから、リアリティと当事者意識を持って議論をすることができます。よく「無人島に一つだけ物を持って行くとしたら、あなたは何を持って行きますか？」という問いで議論を行うようなケースもありますが、これではリアリティや当事者性は低くなってしまいます。実際にこれから無人島へ行くわけではないのですから……。ところが、このプログラムでは議論の後で、議論したことに基づいて、実際にものづくりができます。したがって、議論への参加意識も必然的に高まりやすくなります。そして3つ目には、議論というプロセス（手間）があることで、自分（たち）が作る段階になったときのモチベーションや完成したものへの愛着を高めることができるでしょう。

以上のような基本骨格によって、いろいろなものづくりを行う際に、必ず企画会議を設けて議論をすることで、子どもたちの非認知能力を伸ばしていこうというプログラムの具体化が進められるようになりました。

(3)「カンコーNCSプログラム」の課題解決

しかし、ここで問題が生じてきます。すでに大人になったカンコーの社員が企画会議をするのとは違い、このプログラムの主な対象は児童期(小学生)の子どもです。第Ⅱ章でも説明しましたが、小学生といってもさらに3つの発達段階に分けられ、高学年(5・6年生)なら簡単にできても、低学年(1・2年生)には難しいということが出てきます。自分の考えを言葉にして、相手との意見交換も行い、合意を形成していくといった議論になれば、難易度の差はなおさら生まれてしまうことでしょう。

そこで、まずは議論する際の段階を表5の通り3つに整理しました。

表5では、議論をする上でのグループ規模を段階的に増やしていっています。発問(子どもたちが考えるためのきっかけとなる問い)では、答える選択肢が限られたクローズドクエスチョンから、答える選択肢が限られていない(自由に答えられる)オープンクエスチョンへと移行できるようにしています。つまり、「昨日カレーライス食べた?」と

【表5：議論する際の段階】

項目	段階①	段階②	段階③
グループ規模	2人	3～4人	5～6人
発問	クローズド	クローズド→オープン	オープン
指示	1つの指示で1つの行動	複数の指示で複数の行動	指示しない
情報	情報の提示	情報を選択	事前に情報収集
役割	大人が司会などを決める	子どもたちで司会を決める	子どもたちが自発的に役割を担う

いう問いは「はい」か「いいえ」で答えられるのでクローズド、「昨日なにを食べた？」という問いはカレーライス以外でも自由に答えられるのでオープンということになります。そうなると、実は答えやすいのは選択肢が限られたクローズドクエスチョンになります。発問の段階①をクローズドとしているのは、子どもが自分の考えを答えられやすい仕掛けになっているわけです。指示や情報や役割についても、段階①では子どもたちが容易に動けるようにしており、段階②～③になるにつれてより自主的に取り組めるようにしています。これら5つの項目と3つの段階とを組み合わせることで、子ど

もたちの現状に合った議論の場をつくり出せるようになります。

（4）CQツリーとアイデアドーナツ―プログラムの最大のポイント―

先ほどのように段階を設定したことで、低学年や中学年の小学生であっても活発に議論ができそうです。しかし、段階①の方が段階③に比べて支援や仕掛けの工夫の難易度が高いことはおわかりでしょうか？　言い方を換えれば、一般的には低学年向けの段階①で議論しやすい環境をつくることができれば、子どもたちは段階②や③へと歩を進めやすくなるのです。

例えば、前述したクローズドクエスチョンは、相手にとって答えやすいための問いを設定するわけですから、逆に発問する方には問いを設定するスキルが求められます。議論するためには、まず自分の考え（意見）を持つことが重要であり、大人は子どもたちが自分の考えを引き出すための支援や仕掛けを工夫しなければなりません。そこで、カンコーNCSプログラムでは、2つの方法を開発しました。それが「CQツリー」と「アイデアドーナツ」です。

【表6：カンコーが開発中のNCSプログラム】

No.	プログラム名	概　要
1	布をつかったものづくり	捨ててしまう布を使って自分が作りたいものを作る
2	世界に1つだけのTシャツ	自分（たち）のオリジナルのTシャツをデザインする
3	オリジナルロゴマーク&スローガン	自分（たち）でオリジナルのロゴマークやスローガンを作る
4	あなたの住むところ案内	自分（たち）が所属する場所（地域や小学校、学童保育所など）のPRメディアを作る
5	ありがとうアート	大切な人へ感謝の気持ちをお皿やうちわを使ってデザインする
6	もりあげイベントウェア	自分（たち）が参加するイベントなどをもりあげるための服をデザインする
7	オリジナルユニフォームデザイン	自分を表現するユニフォームをデザインする
8	みらいにほんアート	日本や地域の伝統を知り、むかしあそびや工芸品などを作る

さて、ここからは実際のカンコーNCSプログラムの実践事例を紹介しながら、その中でCQツリーやアイデアドーナッツを紹介していくことにしましょう。それでは、まず現在カンコーが開発しているNCSプログラムについて上表の一覧で紹介しておきます（なお、現在も随時開発中）。

これらは、いずれもものづくりであったり、それに付随するデザインであったりというラインナップになっています。そして、これらを製作す

【図5：カンコーNCSプログラムメソッド】

“CQ ツリー”“アイデアドーナツ”といった、個々の考えを引き出し、整理（建設的発想）することのできる独自ツールや、“クリエイティブディスカッション”を組み込むことにより
創造的発想や表現力を身に付けることができる
※カンコー NCS プログラムを入れることで、既存の体験活動やスポーツ活動・学習活動を非認知能力を育むカリキュラムへとバージョンアップさせることができる

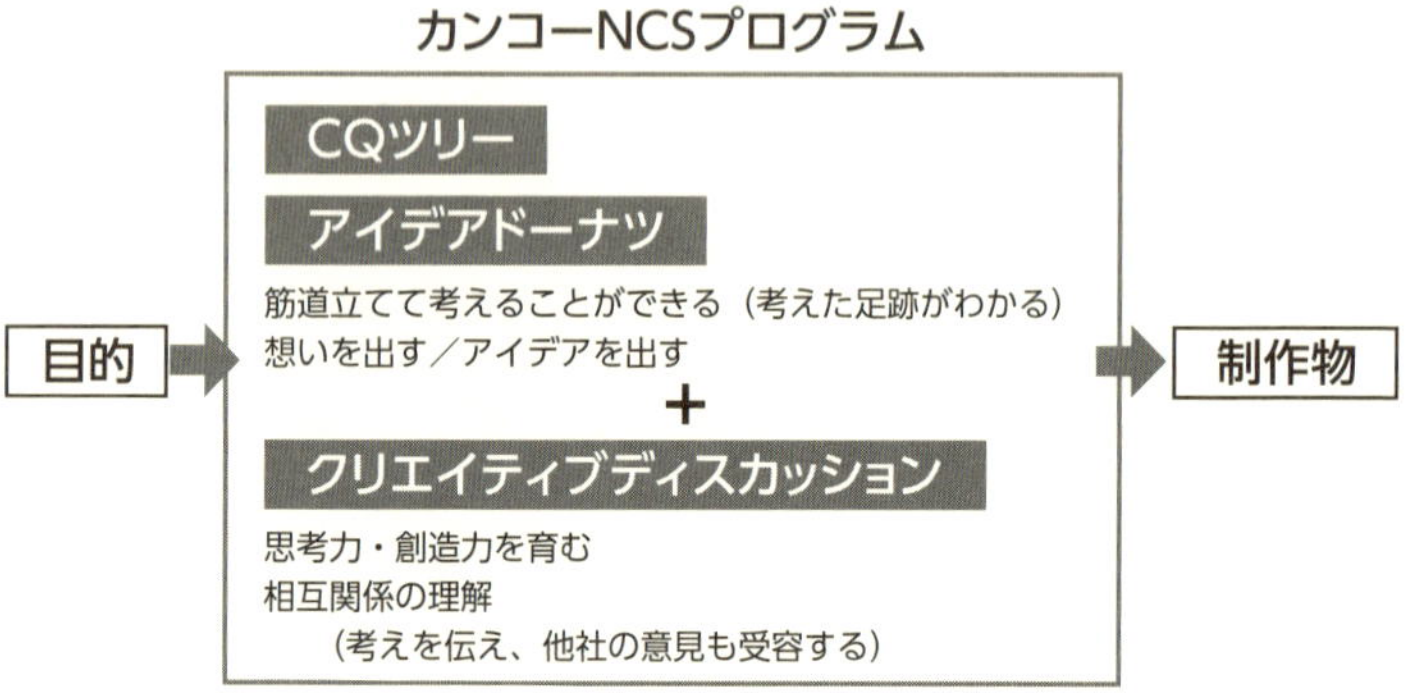

る過程で先ほどの企画会議（クリエイティブディスカッション）を導入するわけです。このディスカッションを進めるにあたって、子どもたちが自分の頭で考えを見出したり、整理したりするための仕掛けが、先ほどの「CQツリー」と「アイデアドーナツ」になります。したがって、このカンコーNCSプログラムの全体像は図5の通りとなります。

例えばCQツリーの場合、表6の№2にある「世界に1つだけのTシャツ」を例にすると、低学年から中学年の子どもたちは、ディスカッションへ入る前に各自で図6のようなシンキングシ

【図6：ディスカッションに入る前のシンキングシート】

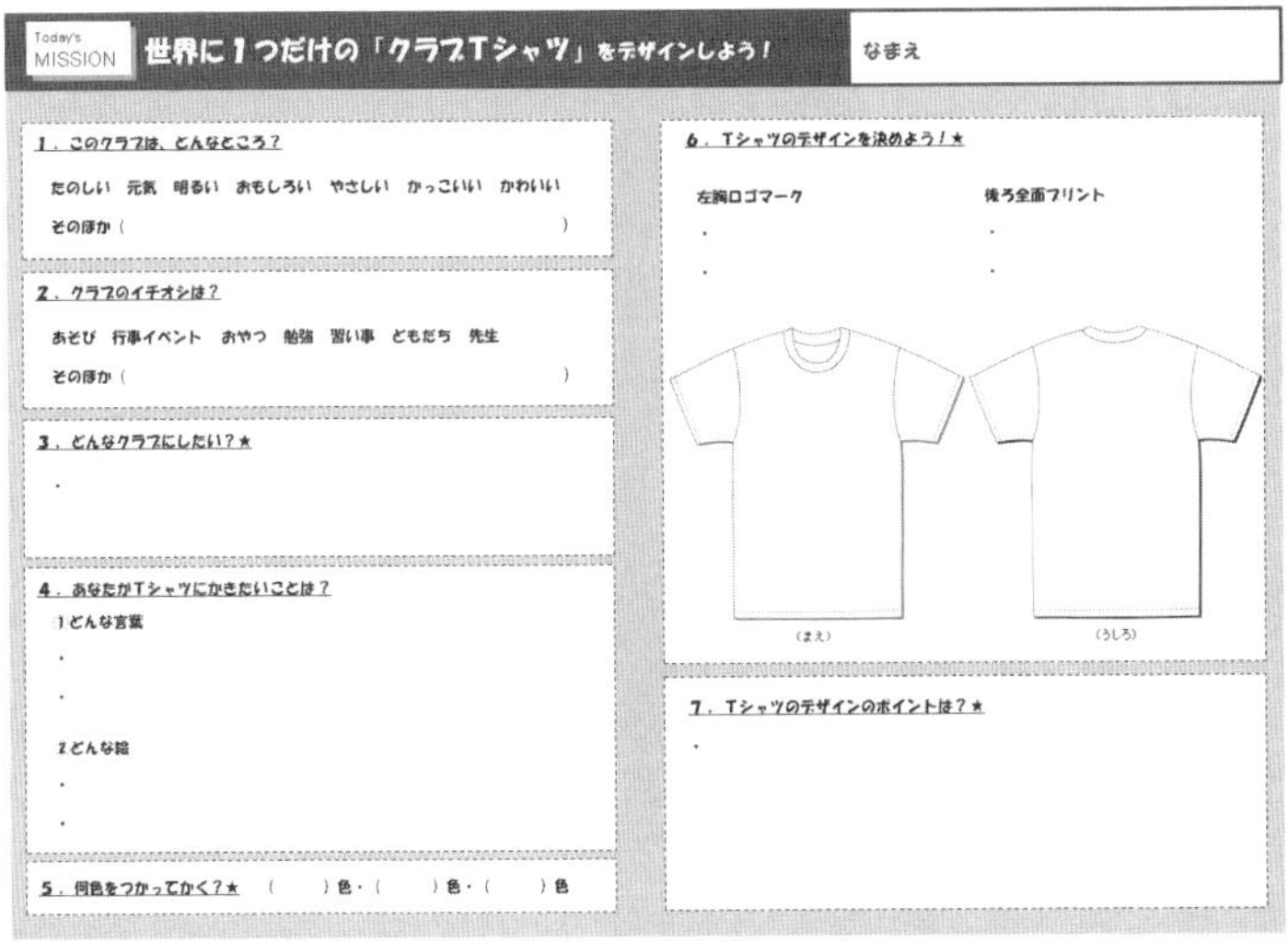
Today's MISSION　世界に１つだけの「クラブTシャツ」をデザインしよう！　なまえ

１．このクラブは、どんなところ？
たのしい　元気　明るい　おもしろい　やさしい　かっこいい　かわいい
そのほか（　　　）

２．クラブのイチオシは？
あそび　行事イベント　おやつ　勉強　習い事　ともだち　先生
そのほか（　　　）

３．どんなクラブにしたい？★
・

４．あなたがTシャツにかきたいことは？
1どんな言葉
・
・
2どんな絵
・
・

５．何色をつかってかく？★　（　　）色・（　　）色・（　　）色

６．Tシャツのデザインを決めよう！★
左胸ロゴマーク
・
・
後ろ全面プリント
・
・
（まえ）　（うしろ）

７．Tシャツのデザインのポイントは？★
・

ートに取り組みます。初めの問1や問2では、選択できるためのクローズドクエスチョンがあり、そこからは自由に答えられるオープンクエスチョンへと切り替わっています。対象となる子どもたちによってクローズドクエスチョンの割合も変わってくるのですが、このようにして段階的に考えを出しやすくしているわけです。

　このときに提示する問いの順番やクローズドクエスチョンの選択肢こそ、実際のカンコーでの企画会議を参考にしたものとなっています。そして、オープンクエスチョンへ移行した問3からであっても、子どもたちが考えを出す

【図7：クローズドクエスチョンの樹形図＝CQツリー】

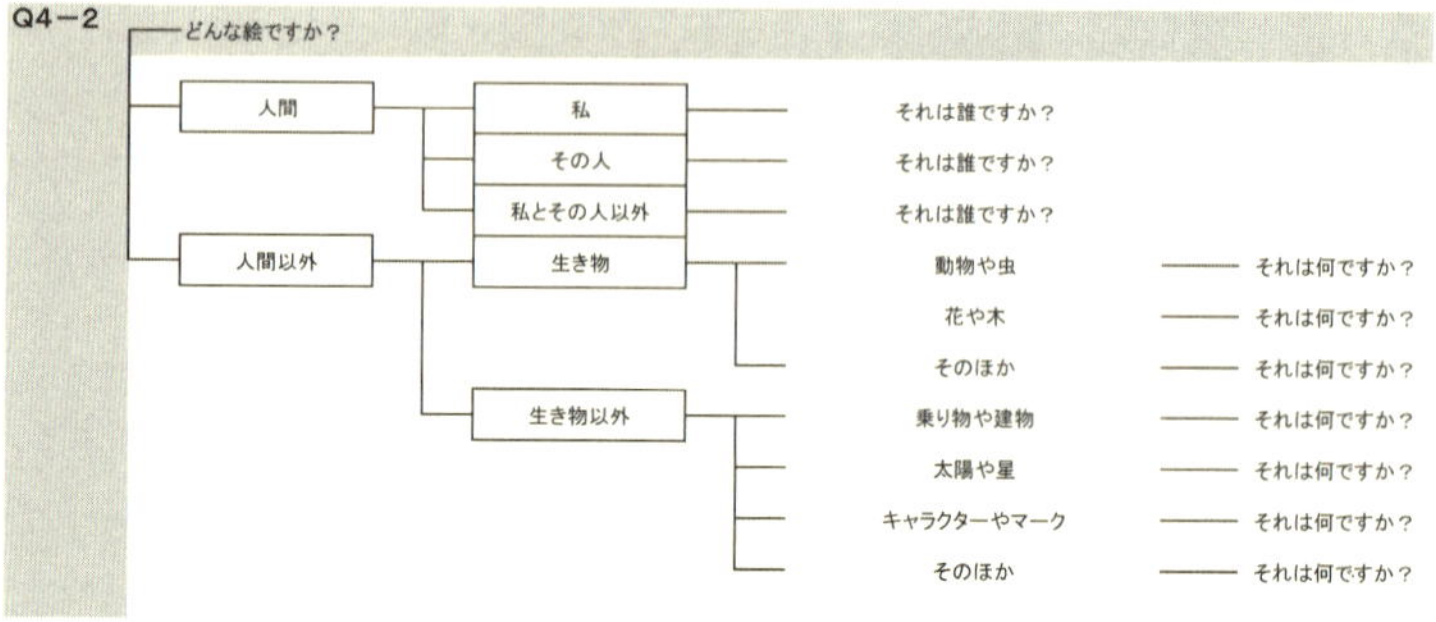

ことにつまずいてしまったときに提示するクローズドクエスチョンが予め準備されているのです。この予め準備されているクローズドクエスチョンの樹形図のことをCQツリーと呼んでいます。ちなみに、前ページの図6のシートでオープンクエスチョンになっている問4－②の場合、図7のようなCQツリーが準備されており、子どもたちの状況に応じて補助的な問いができるようになっています。

さらに、クローズドクエスチョンだけでは答えにくい場合も想定して、特定のキーワードから関連づけて自分の考えを出していけるようにするための方法がアイデアドーナツです。ドーナツの中心にキーワードが書かれており、その周辺に関連づけられる考えを書いていく方法で、こうしたドーナツをたくさん増やす中で、自分の考えをはっきりさせることができます。

【図8：アイデアドーナツ】

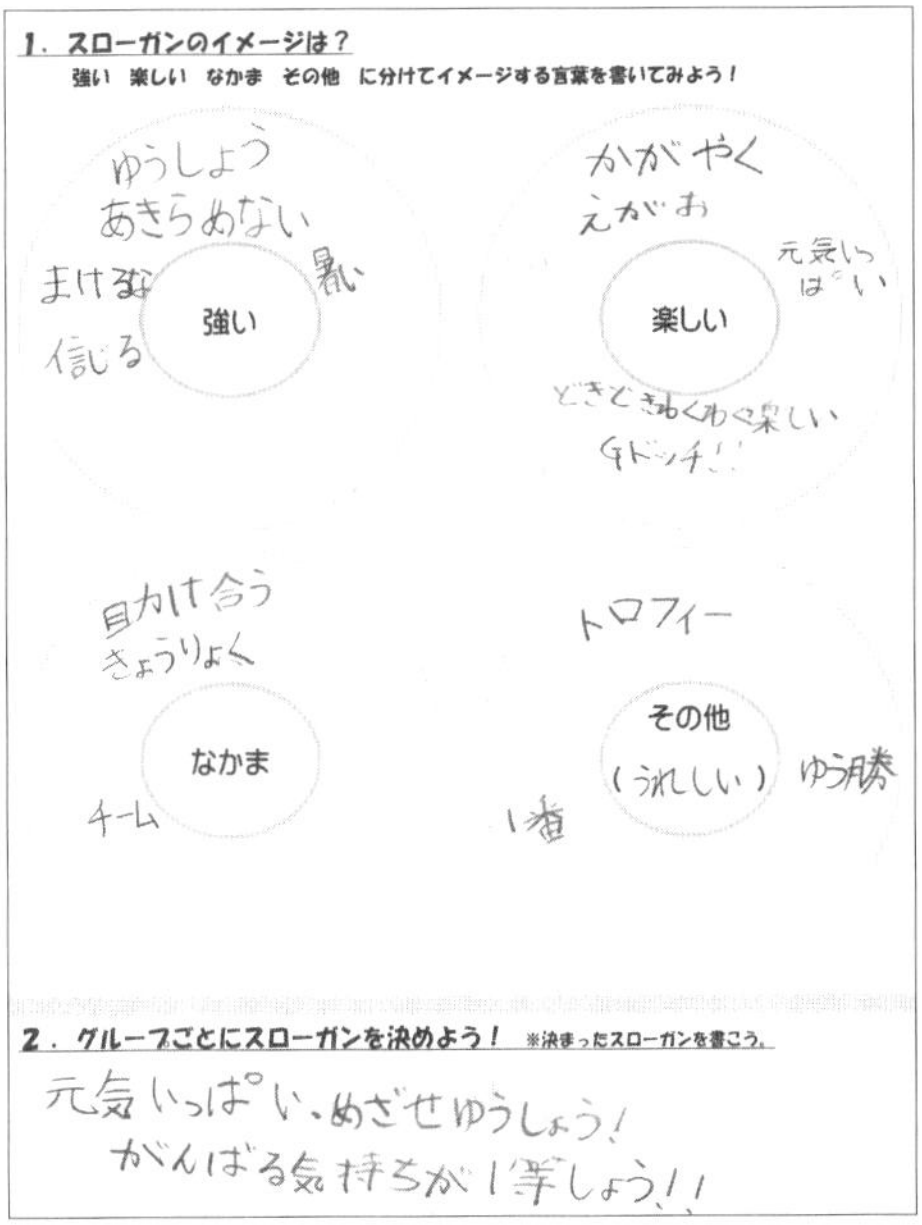

【写真5：】

写真左：自分たちの意見を持ち寄りグループディスカッション。
写真右：みんなで決めたスローガンを中心にうちわづくりへ。

なお、図8の例は、NCSプログラムの一つである「スローガンづくり」を使って、ドッジボール大会に向けてチームのスローガンをつくろうとした学童保育所の子どものものです。問1でアイデアドーナツから出てきた考えをもとに、問2で自分自身のスローガンをまとめることができています。この後で、前ページの写真5のように各自の考えを持ち寄ってグループ内で議論し、最終的にスローガン入り応援うちわの作成へたどり着くことができました。

このようにカンコーNCSプログラムのクリエイティブディスカッションでは、ディスカッションの進行や整理の仕方もさることながら、まずは一人ひとりの子どもが自分の考えを導き出した上で、お互いの考えを出し合うというステップを大切にしています。自分の考えがあっての議論、そしてものづくり！　これこそが、前述の5つの非認知能力を育むためのカンコーNCSプログラム最大のポイントといえるでしょう。

(5)カンコーNCSプログラムの成果

ここでは、実際にカンコーNCSプログラムを学童保育所で試行した中で見えてきた成果について紹介しておきます。今回の試行プログラムは、計3回を15名の小学3・4年生を対象に行いました（対象となった子どもたちは3回すべてに参加）。プログラムとしては、1回目にスローガンづくり（表6のNo.3）、2回目にあなたのクラブ案内（表6のNo.4）、3回目に布を使ったものづくり（表6のNo.1）を実施しました。参加した子どもたちには、初回のプログラム実施前に上述した5つの非認知能力に対応させて各2項目（計10項目）の質問について自己評価を4択（とてもできている、まあまあできている、あまりできていない、まったくできていない）で行ってもらいました。そして、3回のプログラム終了後に再度同様の自己評価を行ってもらい、達成状況をアセスメントすると表7の通りの成果を見ることができました。

表7では、5つの非認知能力に対応した質問①と質問②のそれぞれについて実施前と実施後を比べたとき、「とてもできている」に到達している子どもの人数と、到達はしなかったけど「あまりできていない」から「まあまあできている」などへ向上した子どもの人数を計上しています。

試行であったため、人数（母数）は15人と少ない中ではありますが、いずれの非認知能力も自己評価の中でプラスの成果が出ていることはわかります。特に「やり抜く力」

【表7：カンコーNCSプログラムを学童保育所で試行した中で見えてきた成果】

獲得・向上を目指したい非認知能力	質問①(n=15)			質問②(n=15)		
	「とてもできている」に到達	「とてもできている」に到達していないが向上	計(%)	「とてもできている」に到達	「とてもできている」に到達していないが向上	計(%)
やり抜く力	11	1	12 (80%)	11	3	14 (93%)
動き出す力	9	2	11 (73%)	11	2	13 (86%)
思い描く力	9	2	11 (73%)	11	0	11 (73%)
伝え伝わる力	8	2	10 (66%)	10	0	10 (66%)
気づき深める力	10	0	10 (66%)	10	2	12 (80%)

や「動き出す力」は、その中でも高い成果が出ています。自分が参加（作成）したことに、自分自身の考えを持って、周囲と一緒に議論しながら進めていけるカンコーNCSプログラムの強みを発揮できているのではないでしょうか。

また、参加した子どもたちの感想（左枠内）からもいろんな取り組みに挑戦できただけでなく、ディスカッションが加わったことで子どもたちのプロセスはますます充実して、達成感や非認知能力の獲得・向上へとつながっていることがうかがえます。

・いろんな絵をかいたり、言葉がとてもよく出せて、いろんなことにちょうせんできたからたのしかった。（4年）
・みんなの意見と合体したり、自分の意見をさんこうにしてくれたりしたのが、とっても「しこうりょく」がのびたと思いました。（4年）
・みんなできょう力してことばをかいたり、かんがえたり、えをかいたりするので、たっせいかんがありました。（4年）

一般社団法人カンコー教育ソリューション研究協議会 非認知的能力推進委員会
〒700－0024 岡山県岡山市北区駅元町15－1
岡山リットシティビル5F
URL https://kanko-gakuseifuku.co.jp/

4．学校と地域が一緒になって非認知能力を育てる
―島根県益田市教育委員会の挑戦！「MASPORT」

（1）学校で獲得した認知能力を生活場面でも……

8つのアメ玉を4人で分けると1人あたり2つずつ分けられることになります。これは、小学3年生で学習する1ケタ同士の割り算ですね。実際に、4人の子どもたちが8つのアメ玉を分けるときに「8÷4＝2」と計算すれば、あっという間にアメ玉を2つずつ分けることができます。さらに、2ケタの数のようにより多くの数になれば、なおさら割り算は便利な方法になるでしょう。学校教育で身に付けた認知的な知識・技能を学校外の生活場面でも活用できる代表的な事例です。

それでは、左ページ上の問題はどうでしょう？

この問題は、小学6年生の分数同士の割り算です。岡本螢と刀根夕子の原作、スタジ

$$\frac{2}{3} \div \frac{1}{4}$$

オジブリが映画化（監督・脚本は高畑勲）した『おもひでぽろぽろ』の一場面で登場する問題でもあります。主人公のタエ子が悩んでいるところへ、お姉さんが「分母と分子をひっくり返せばいい」ということを教えてくれます。そうすると、2／3×4＝8／3となるのですが、ここでタエ子は「3分の2個のリンゴを4人で分けると1人何個かってことでしょ？」と生活場面での活用に置き換えようとするのです。

この考え方は、実はとても高度な考え方になります。なんといっても、分数同士の割り算ですから……。先ほどのタエ子の考え方でしたら、2／3÷4＝1／6となり、6分の1個ずつリンゴを4人で分けることになりますよね。しかし、ここでは「3分の2個のリンゴ」を4人で分けるのではなく、「3分の2個のリンゴ」の中に、「4分の1個のリンゴ」は何個あるのかと考えなければいけません。そう考えると、次ページの図9のようになります。

まず、3分の2個のリンゴの中に4分の1個のリンゴが2つある

【図9：$\frac{2}{3}\div\frac{1}{4}$をリンゴを用いて考えると……】

一例として…3分の2個のリンゴの中に
4分の1個のリンゴは何個ある? と考える

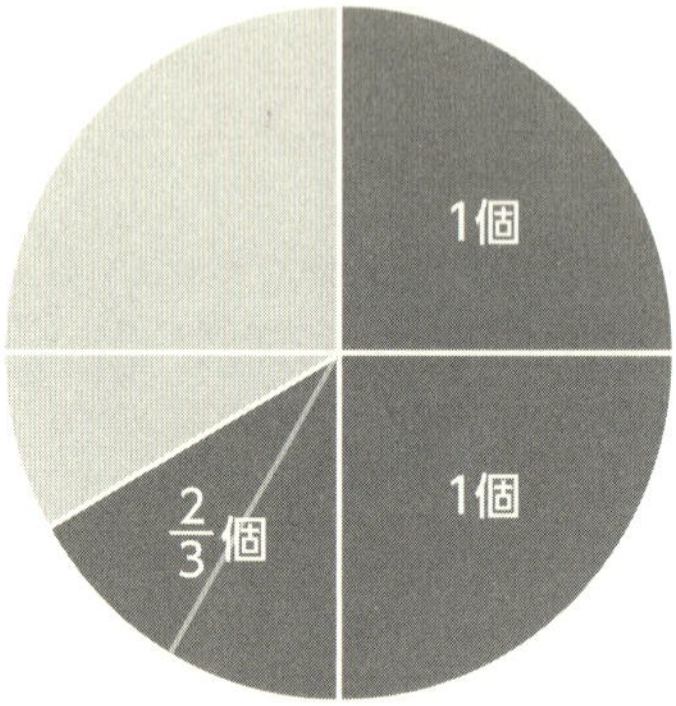

1個+1個+$\frac{2}{3}$個=$\frac{8}{3}$(3分の8)個

ことはわかります。そして、残りは3分の2個のリンゴが残っているので、全体の「3分の2個のリンゴ」の中に「4分の1個のリンゴ」が2個＋3分の2個＝3分の8個が入っていることがわかるわけです。

　このタエ子の分数同士の割り算の事例のように、単にひっくり返して計算するというマニュアル的なやり方ではなく、具体的な生活場面へ落とし込もうとする試みは、分数同士の割り算に対する理解を深めるためのきっかけにもなるでしょう。

　そして、算数に限らず、学校で学習して獲得する認知能力を学校以外の生活場面で使いこなせるようになるということは、知識・技能を活用できる力としてもとても重要なことではないでしょうか。

（2）学校でも非認知能力を身につけ、放課後でも認知能力を使いこなす

学校の授業終了後から放課後は始まります。この放課後の正課外活動や遊び、家族や友達、地域の人たちとのやりとりの中で、学校で身に付けた認知能力を活用できる機会が豊かにあると、まさに生きた学習の場を子どもたちに提供できるようになります。

そう考えると、認知能力は学校で、非認知能力は放課後で……という具合に、「学校と放課後（地域や家庭）」や「認知能力と非認知能力」を対極に位置づけて区別したくはありません。学校でも非認知能力を身に付け、放課後でも認知能力を使いこなせるようにしていくことが、子どもたちにとって望ましい学びといえるでしょう。この学びが、OECD（経済協力開発機構）が提唱した社会情動的スキル（非認知能力）と認知的スキル（認知能力）との相互作用的関係にも結び付いてくるわけです。したがって、学校と放課後とがいかにつながっていけばよいのか、学校教員と保護者や地域の大人たちとが

いかにつながっていけばよいのかが、これからの重要なカギになることは間違いありません。

(3)益田市で育つ子どもたちの「ライフキャリア教育」とは

それでは、こうした各領域や各大人たちがつながるためには何が必要なのでしょうか？やはり、つながりをつくり出すためには「媒介」が必要となってきます。この「媒介」について、特に非認知能力に焦点を当てて取り組んでいるのが「島根県益田市教育委員会 社会教育課（以下、益田市教委）」です。益田市教委では、いわゆる職業教育的なジョブキャリア教育ではなく、子どもたちが益田市でいかに育ち、いかに生き抜いていくのかについて「ライフキャリア教育」と銘打って取り組んでいます。行政や学校、公民館や放課後児童クラブ、放課後子供教室、さらには民間企業やＮＰＯ法人といった様々な機関に所属する人たちが集まり、「産官学民」による一大プロジェクトを1年以上前に立ち上げたのです。

立ち上げ当初、最大の議論になったのは「益田市の子どもたちに育みたい力とは？」

【図10：益田市の子どもたちに育みたい力】

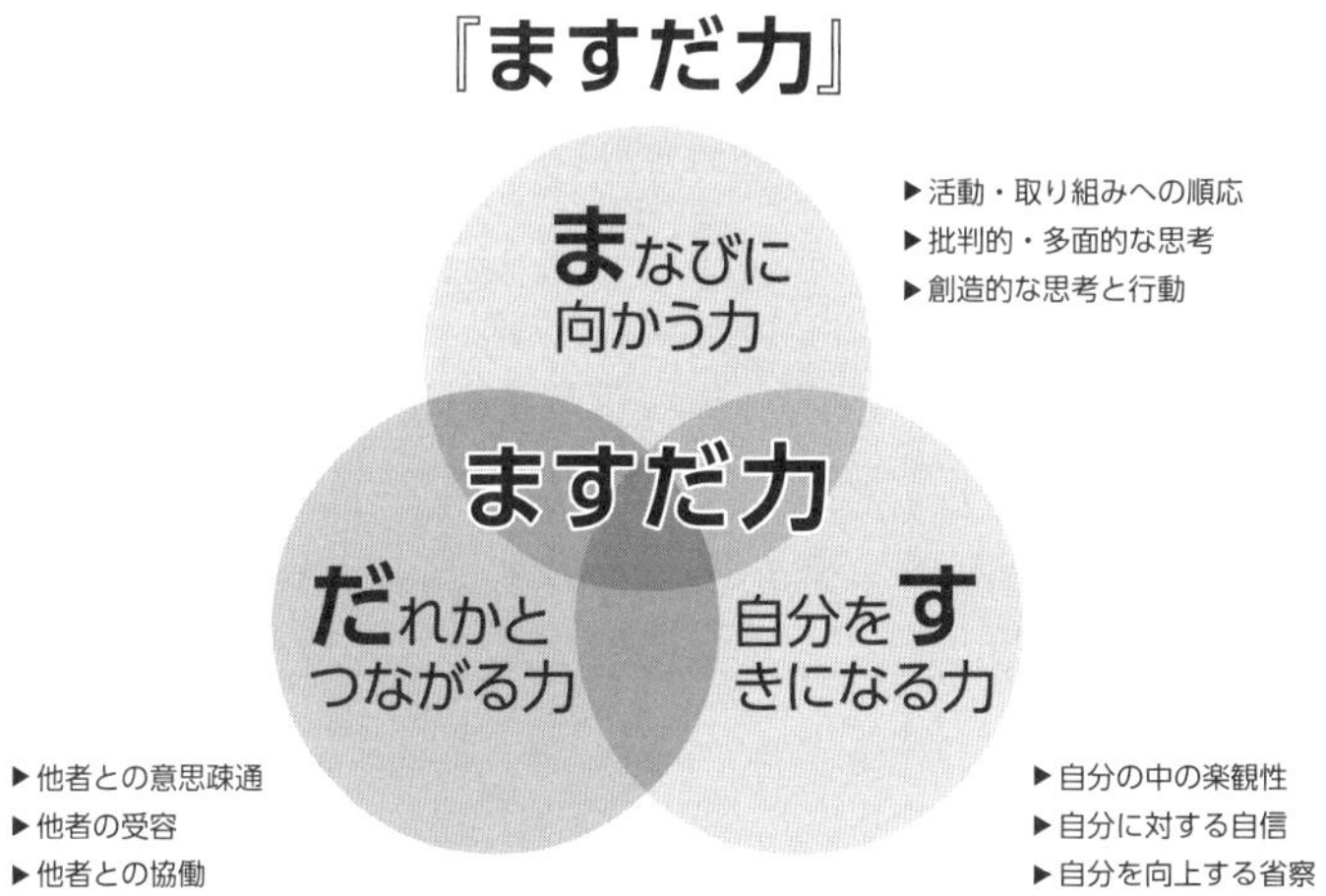

でした。そして、それぞれの立場の人たちが、それぞれの思いや願いを議論し合う中で、行き着いたのが非認知能力だったのです。それぞれに立場は違っても、共通して子どもに育てたい力は非認知能力だったというところで議論は収斂《しゅうれん》することになりました。

そこで、議論を取りまとめていた益田市教委では、図10の通り大きく3つの力に整理した上で、益田市の名前をとって『ますだ力』と名づけるに到ったのです。やはり、これまでの章でも提案してきた通り、ぼんやりとした見えにくい非認知能力を

【表8:『ますだ力』の評価の指標】

ますだ力	レベル1	レベル2	レベル3
「ま」なびに向かう力	取り組むべきことをそのまま取り組めている(順応)	違う考えを持って意見することができる(批判)	新しい考えを持って取り組みを展開できている(創造)
自分を「す」きになる力	楽しそうに取り組むことができる(楽観性)	あきらめずに取り組むことができる(自信)	自分の言動を見直して改善することができる(省察)
「だ」れかとつながる力	他者とやりとりしながら一緒にできる(意思疎通)	他者との違いを受け入れることができる(受容)	他者と補い合いながら一緒にできる(協働)

言葉にするのは、とても大切なことでした。なぜなら、このように言語化できた『ますだ力』を立場の違う人たちが共有することでつながり、それぞれが子どもたちにどうやって『ますだ力』を獲得・向上させていけばよいかという次のステップへ移行できたのですから……。

さらに益田市教委は、これも第Ⅲ章で提案してきた通り、評価（アセスメント）のための指標を段階化してつくることに注力し始めました。その結果、表8のような指標をつくることができたのです。

(4)益田市で「ますだ力」を身に付けるためのパスポート!?

ここから益田市では、先ほどのA・M・I学童保育センターと同様に、『ますだ力』やこれらの指標を「絵に描いた餅」にしないためにどうすればよいか、思案を始めました。そして、学校でも学校以外（特に地域）の場でも『ますだ力』が共有できるのであれば、この評価指標も共有して、それぞれの取り組みをつなげることはできないだろうか……と考えるまでになったのです。ちょうど、学校も含めて子どもたちがそれぞれに赴く場所を一つの国だとしたら、子どもたちがそこへパスポートのような物を持って参加し、そのパスポートへ入国スタンプではなく、大人たちからの評価を記入してもらったらどうだろうか？　子どもたちが、益田市で『ますだ力』を身に付けるために持つパスポート！　その名も『ＭＡＳＰＯＲＴ』（次ページの表9を参照）！　これができれば、大人たちが子どもを中心につながることができる！

……という結論に到ったわけです。

それでは、この『ＭＡＳＰＯＲＴ』は実際に益田市でどのように活用され始めているのでしょうか？　２０１８年度から試行的に取り組みを始めた益田市立豊川小学校と豊川学区内での地域の事例をご紹介しておきます。

豊川小学校では、学区内にある「シニア楽校（以下、シニア）」の方々と連携した生活科の授業（1年生）に取り組んでいます。そこで、この『ＭＡＳＰＯＲＴ』簡易版を実

【表9：MASPORT アセスメント項目】

月　日(　)　時　分～　時　分		プログラム名:	
力の項目	レベル1	レベル2	レベル3
「ま」なびに向かう力	取り組むべきことをそのまま取り組めている(順応)	違う考えを持って意見することができる(批判)	新しい考えを持って取り組みを展開できている(創造)
自分を「す」きになる力	楽しそうに取り組むことができる(楽観性)	あきらめずに取り組むことができる(自信)	自分の言動を見直して改善することができる(省察)
「だ」れかとつながる力	他者とやりとりしながら一緒にできる(意思疎通)	他者との違いを受け入れることができる(受容)	他者と補い合いながら一緒にできる(協働)
子どもの姿を見た感想を書いてみてください			
あなたが今回の取り組みをやってみた感想を書きましょう			

際に使用してみました。当日の授業のテーマは「楽しい七夕のための飾りづくり」、内容としてはシニアの方々へ事前に調べてきた七夕の由来などを子どもたちが説明し（写真6－①）、その上でシニアの方々と一緒に飾りづくりをします（写真6－②）。シニアの方々は、事前に小学校の先生から『MASPORT』と本時の授業のめあてなどについて説明を受けています。そして、今回からは単に子どもたちと一緒に作るだけでなく、最終的に授業のめあてに対応した『MASPORT』へ子どもの評価（アセスメント）をすることになったのです。

すると、シニアの方々はルーブリックでの評価に加えて、以下のようなコメントも子どもたちへ書いてくださいました。

【写真6-①：シニアの方々に七夕の由来を説明する子どもたち】

【写真6-②：七夕の飾りづくりをする子どもたちとシニアの方々】

・Aちゃんの説明は、大変わかりやすくて良かったです。
・Bちゃん　みんなが見てない所で、「ゴミゴミ」と言って、ゴミを集めていた姿がとても印象的でした。
・Cさんは、おとなしくあまり話もしなかったのですが、もくもくと集中して作っていました。また、こちらから聞くと教えてくれ、笑顔もありました。
・1年生6名全員が、非常にハキハキしていて、元気があった。いろいろな説明も上手にできたと思う。

……など

さらに、この授業を終えた後に行った研究協議の中では、地域の方から「授業のねらいやめあてが共有されたことでわかりやすかった」「これまでよりも、子どもの何を見ればよいのかがはっきりした」などの感想がありました。併せて、学校の先生方からも「地域の方々と目標や観点を共有できたことで、より多面的に子どもを見ることができたと思う」などの意見があり、学区をあげてこの『MASPORT』への肯定的な印象が伝わってきました。なお豊川学区では、今回は学校の授業で地域の方と『MASPORT』

を共有しましたが、今後は地域の活動でも幅広く活用していく予定とのことです。

このように、豊川学区では『ＭＡＳＰＯＲＴ』が媒介となって、地域で子どもたちに体験を提供する大人たちと小学校の先生とがつながり始めています。そして、この人と人とのつながりが、学校と地域とのつながりをこれまで以上に固く強くし始めていることがわかりました。また、子どもたちが『ＭＡＳＰＯＲＴ』によって自分が参加した活動の履歴を残せることは、文部科学省が導入を始めようとしている「キャリアパスポート（２０１９年から高校、２０２０年から中学校、２０２１年から小学校で導入予定）」にも生かすことができそうです。

いま、益田市教委では、この『ＭＡＳＰＯＲＴ』を全市的な取り組みへと展開しようとしています。益田市の挑戦は続きます！

島根県益田市教育委員会（社会教育課）
〒６９８－００３３　島根県益田市元町１１－２６
URL https://www.city.masuda.lg.jp/

5. 振り返りの量×質で「メタ認知能力」を育てる

―ラーンズの挑戦！『今未来手帳』

(1)「今」の自分が「未来」を創る

「今」の自分が「未来」を創る！　このタイトルをスローガンに掲げて、ポートフォリオ型手帳を全国の中学校や高等学校へ販売しているのが株式会社ラーンズ（以下、ラーンズ）です。本来であれば、手帳はスケジュールを管理するためのツールであり、予定や計画を立てるものとして使用されます。中学校や高等学校でも生徒の自己管理能力を高めるために、一人ひとりに一冊ずつ手帳を渡して習慣化を図るというのは、いまや常套手段ともいえるでしょう。そんな中、この手帳の新しい価値を見出し、我が国で初めて「ポートフォリオ型手帳」と銘打ったのがラーンズなのです。実際の商品名は『今未来手帳』。まさにスローガン通り、今の自分が未来を創れるようになるための手帳となります。

ポートフォリオとは？

もともと写真を整理するための袋（ファイル）という意味で、生徒の体験（活動）したことや実績などを「学びの履歴」として残しておくための仕組み（媒体）のことをいいます。


ラーンズがこの手帳の新しい価値に気づくことができたのは、岡山県にある進学校（高校）での一つの出来事がきっかけでした。この高校でも生徒たちがスケジュール管理をすることで、「課題等の忘れ物を減らせるようになる」「家庭学習時間3時間を確保できるようになる」などの目標達成のために『今未来手帳』を導入していました。

ところが、この高校では独自に21世紀型能力育成のためのルーブリック評価（自己評価表）を作成しているのですが、その評価項目の中にあった「メタ認知能力」について高く自己評価した生徒の多くが「手帳（の振り返り）が役に立った」と回答していたのです。実際に生徒のメタ認知能力アップに役立ったという手帳のページを図11に紹介しておきます。なお、特に焦点を当てたいところは、ページ下部分にある日々の振り返りの欄です。

【図11：『今未来手帳』のページ例】

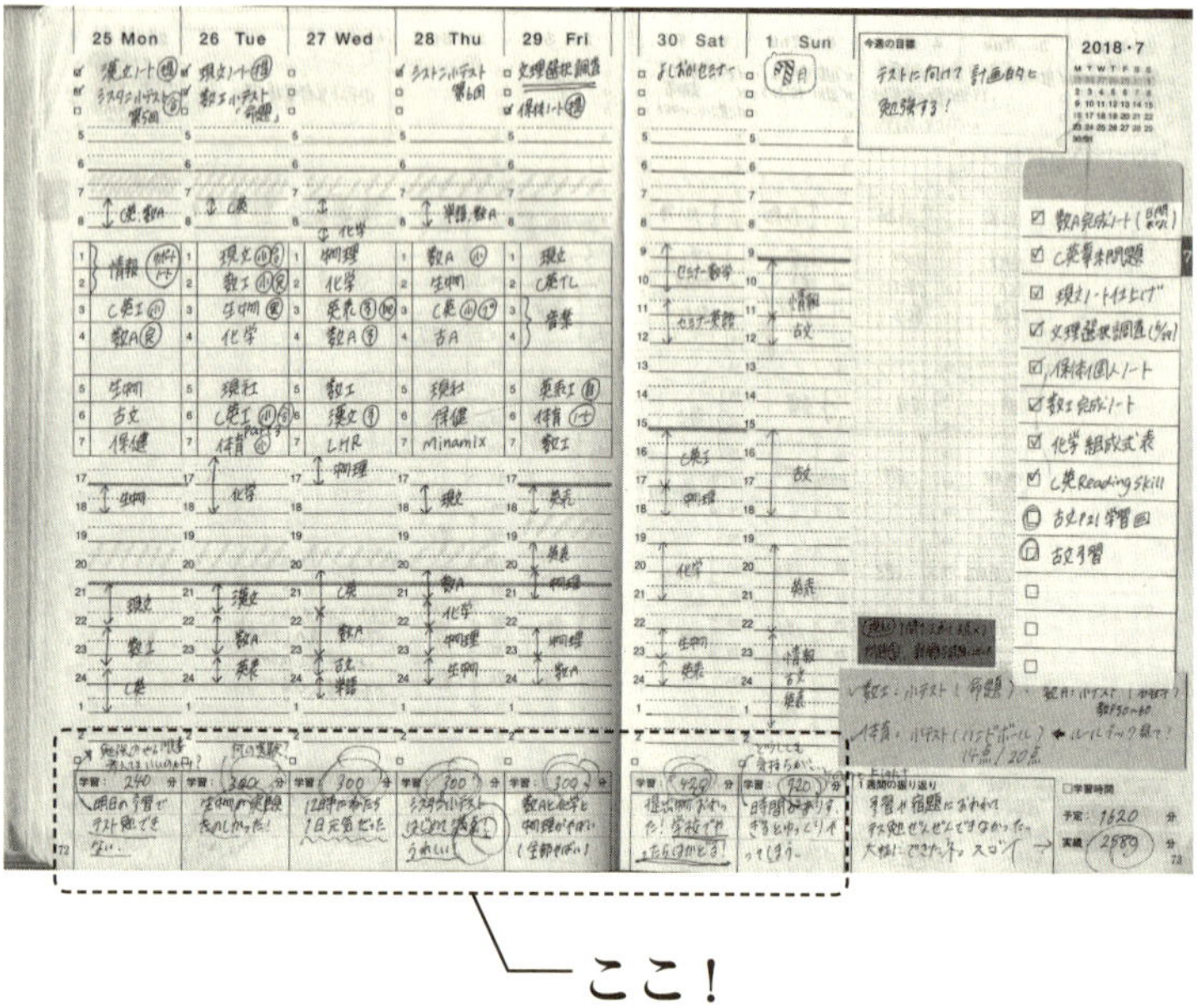

さて、この結果にはさすがに高校の先生たちも驚きを隠せませんでした。スケジュール管理のための手帳が、なぜかメタ認知能力アップにつながっているとは、まったくもって想定外だったからです。

この出来事から、ラーンズはスケジュール管理だけでなく、日々の振り返りを蓄積できるポートフォリオの役割まで手帳が持っていることを確信できたのでした。

(2)ポートフォリオ型手帳を進化&深化させる

ポートフォリオ型手帳は、試験などの成績をはじめ部活動やボランティア活動などの実績を記録したり、受講した講演会などの感想を記録したりといった機能を持っています。まさに、学びの履歴を整理して残しておく「ポートフォリオ」です。

しかし、先ほどの高校の出来事から明らかになったのは、単に「あったこと」を書き連ねたり、講演会などの特別にあったことのみ感想を書いたりする中で、生徒たちのメタ認知能力が高められたわけではないという点にあります。一日一日のことを帰宅後や就寝前にいったん立ち止まって振り返り、それを言語化するという日々の振り返りにこそメタ認知能力にプラスの影響を与えていたわけです。すでに第Ⅲ章では、なぜそうなるのかについて説明してきましたね。日常的な行為の後の振り返りが、その時々の行為の真っ最中の振り返り(=メタ認知)を可能にしてくれるのです。

そこでラーンズは、ポートフォリオ型手帳をさらに進化させることにしたのです。日々の振り返り(リフレクション)に着目して、そこに力点を置いたポートフォリオ型手帳……その名も「リフレクティブポートフォリオ型手帳」が誕生しました。そして、これ

【図12：株式会社ラーンズ『今未来手帳2019年度版』より抜粋】

リフレクティブポートフォリオに挑戦！

みなさんは「ポートフォリオ」という言葉を知っていますか？

ポートフォリオとは日々の学習活動や課外活動でやってきたことを記録に残したものです。実は、みなさんが使っている『今未来手帳』は、スケジュール管理だけではなく、このポートフォリオとしても活用できます。

そして、単に成績が何番だった、部活動で何位だった…という結果を記録に残すだけでなく、リフレクション（振り返り）を加えて、より高度なポートフォリオ『リフレクティブポートフォリオ』にすることをおススメしているのです！

簡単に言えば毎日の日記のようなものですが、この日記も書き方の工夫ひとつで、振り返りの質がグンと高まります。さらにこの振り返りをみなさんが意識して続ければ、大学受験や就職活動のときの自己ＰＲや面接に大いに役立ちます。それだけではありません。これからの時代にとても必要とされている「メタ認知力」まで高められるのです。

「メタ認知力」は、みなさんが何かをしている真っ最中に「いいぞ！ この調子」とか「もっとこうしてみよう」などと、もう一人の自分が自分自身と周囲の状況を客観的にとらえて調整できる力です。この力は、勉強やスポーツ、日常会話まで様々な場面で生かすことができます。みなさん、そんなメタ認知力アップのために振り返りを続けてみましょう！

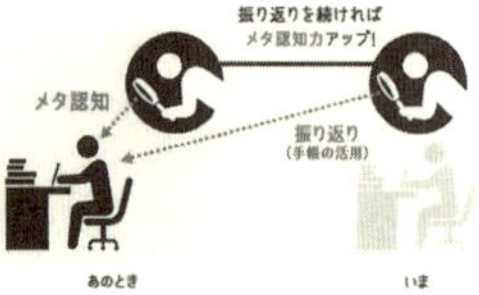

ここでもうひとつ大切なことがあります。それは「どんな振り返りをするか」です。実は、振り返りにも下表の４段階のレベルがあります。みなさん、ぜひ〈レベル３〉達成のために『今未来手帳』の週間スケジュールページにある毎日の振り返り欄を活用してください！

レベル0	レベル1	レベル2	レベル3
あのときのことを振り返らない	頭の中だけであのときのことを振り返る	あのときに「あったこと（出来事）」だけを文字にして振り返る	その「あったこと（出来事）」から自分が思ったことまでを文字にして振り返る

それでは、ここで練習してみましょう！ 例を参考にしながら下の空欄を埋めてみてください。

練習1	例	最近あったことの振り返り
あったこと	今日、英単語の小テストがあった。結構できた。	
思ったこと	出題範囲をしっかり押さえていたので充実感いっぱい！	

練習2	例	最近あったことの振り返り
あったこと	今日、部活で手を抜いていたら、先輩に怒られた。	
思ったこと	先輩たちのガチな雰囲気に早く追いつかないとな〜	

練習3	例	最近あったことの振り返り
あったこと	念願のミュージカルを観に行った！	
思ったこと	やっぱり音楽の勉強がしたい。音大のことを調べよう。	

いかがでしたか？ このように「あったこと」から「思ったこと」にまで落し込んで、質の高い振り返りをしていきましょう。

週間スケジュールページのココ！

上半分の2行に「あったこと」を
下半分の2行に「思ったこと」を
できるだけ毎日書いてみましょう！

▼ 実際の週間スケジュールページ

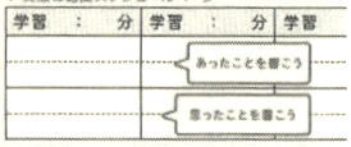

自分の思いや感情を言葉にして語る力やメタ認知力を高めるために特別な訓練は必要ありません。ちょっとした日常の努力を継続して、習慣にしていけばよいのです。まさに「習うより慣れろ」ですね！
さあ、「今未来手帳」を手にしたこのときから始めてみましょう！！

まで通り日々の振り返りができる欄を設けるだけでなく、もう一つの仕掛けを取り入れたのです。一日一日の欄の中へ、「あったこと（出来事）」を書く部分とそれに対して「思ったこと（内面化）」を意識的に書けるようにした部分とを区別しました。そのための方法は、欄内に線を引いて区別するだけですから、とてもシンプルなものです。しかし、たとえシンプルであっても、日常的にこの方法を習慣化できていない生徒たちにとっては、決して容易なことではありません。そこで、このことを生徒たちが意識して取り組めるように、2019年度版より図12のような取扱説明ページを作成した上で、練習をできるようにしました。これによって、第Ⅲ章でも紹介したように日々の振り返りの量を確保するだけでなく、振り返りの質も深められるようにしたのです。ポートフォリオ型手帳をリフレクティブポートフォリオ型へと進化させ、そのポートフォリオの中身を深化できるようにしたことがわかります。

(3)なぜ、いまリフレクティブポートフォリオなのか?

さて、ラーンズがこのような挑戦を始める中で、大変興味深いことが起きています。それは、販促活動の際に「いまさら手書き?」「タブレットやITを活用した方がよくない?」といった声が学校の先生方からあがってくることです。たしかに、文部科学省は「JAPAN e-Portfolio」を導入して入試制度の中でも活用できるような仕組みを促進しています。このような時代において「いまさら手書き?」という疑問の声が出てくることも否めません。そもそもタブレットやITを活用したポートフォリオは、学校や教師側の情報管理及び活用に最大の利点があり、この生徒がどのようなことをやっていたのか

【図13：日々の振り返りに着目したリフレクティブポートフォリオ手帳】

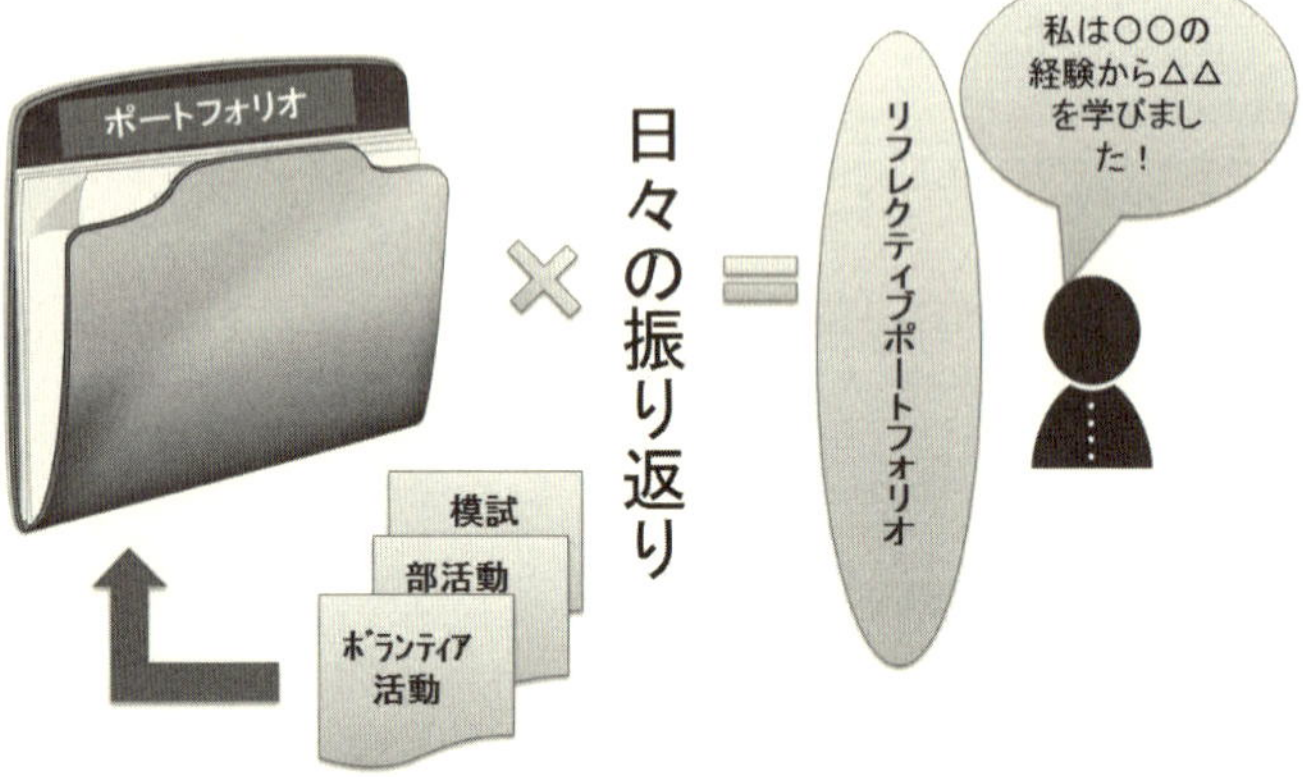

を進学先や就職先とも情報共有をしやすい。その点では、いまさら手書きであるよりも教師はありがたい……ということです。

しかし、その一方で「日々の振り返りが必要だ！」「手書きだからいい！」という先生方の声もあがってくるそうです。それでは、一体どこに手書きの価値があるのでしょうか？　このような先生方に共通するのは、『今未来手帳』の日々の振り返り（リフレクティブポートフォリオ）の中から、次の二つの価値を見出している点です。

一つ目に、前述の先生方は、手書きの『今未来手帳』は生徒の教育のためにあるのだと言われます。日々を振り返るという習慣化、それを手書きという手間をあえてかける、タブレット中心になりがちな生活の改善……これらの理由が生徒の教育のための『今未来手帳』に対する価値として挙げられています。誰のために？　何のために？　と考えれば、たしかにどちらか一方だけが優れているのではなく、目的と対象者に応じてそれぞれの活用が求められているということなのでしょう。

二つ目は、生徒たちの日常的なケアに注力されている先生方からあがってきた声です。『今未来手帳』を使って生徒たちが書く日々の振り返りを、毎日または毎週チェックしている先生もいらっしゃいます。多忙極まる中でも生徒のことを第一に考えられているのだと頭の下がる思いです。そして、こうした先生方は、やはり日々の振り返りと手書きについて価値を見出されています。生徒の書く振り返りの内容や手書きだからこそあらわれてくる文字の感じから、その時々の生徒の内面を読み取ることができ、必要に応じてケアができるとのことでした。

このような先生方の声を聞くと、日々の振り返りに価値を見出していただけることにうれしく思います。ポートフォリオは、もともと撮りためた写真を整理するための袋という意味でした。図13のように、1枚1枚の写真がテストの成績や部活動、ボランティア活動だとすれば、これらの写真が単にきれいに並べられているだけでよいのでしょうか？　もし、進路・進学希望先で「あなたは高校時代にどのようなことをがんばってきたのですか？」と問われたとき、そのポートフォリオから1枚の写真を取り出して見せるだけでは不十分です。それは、自分が体験したことを見せているだけにすぎません。その体験が経験に変わり、そこから何を学ぶことができたのかを、自らの言葉で語ることが重要であり、これからの時代にますます求められることでしょう。

そのためには、付け焼き刃的に言語化するのではなく、日常的に言語化する習慣を獲得しておきたいものですね。メタ認知能力、そして経験や学びを自分の言葉で語る力を獲得・向上するためには、量的にも質的にもしっかりと振り返ることが必要です。

株式会社ラーンズ
〒700-0807　岡山県岡山市北区南方3-7-17
URL https://www.learn-s.co.jp/

第Ⅳ章のまとめ
―大人たちの挑戦から見えてきたこと―

○子どもたちが非認知能力を獲得・向上させていくためには、言葉だけで伝えたり、一方的に教え込んだりというだけでは難しいものです。だからこそ、広い意味での環境づくりや子どもたちが「やりたい」と思えるようなプログラムづくりが大切になってきます。

○子どもたちの非認知能力やメタ認知能力を育んでいくためには、ゼロからまったく新しいプログラムをつくり出すというよりは、すでに取り組んでいることやこれから取り組みたいことの中に、子どもたちに育みたい力は何なのかを（漠然とではなく）はっきりと言葉にして、そのエッセンスを加えていくことが必要です。

○子どもたちの非認知能力やメタ認知能力を育んでいくための方法（仕掛け）についても、とりわけ最先端なものである必要はなく、これまであったもの（書道や企画会議や日記など）から見出すことができます。そのためにも、どんな力を育みたいのかという観点が必要不可欠です。

○非認知能力の獲得・向上を「絵に描いた餅」にしないためにも、評価（アセスメント）をするための評価項目を具体化して活用すれば、子どもに何ができているのか、どんな支援が必要なのかを把握することができます。さらに、大人たちはそれを共有することもできるのです。

○そして、これからも大人たちは、子どもたちの非認知能力を育むために挑戦し続けていきましょう！

第Ⅴ章

大人たちも非認知能力を！

ガイダンス

これまでも必要とされてきた力、そして、これからの時代だからこそますます求められるようになった力……「非認知能力」。第Ⅰ章から第Ⅳ章にかけてはこれからの時代の担い手となる子どもたちが、いかにこの力を身に付けていけばよいのか、私たち大人には何ができるのかを提案してきました。

でも、ちょっと待ってください！　この力って私たち大人にも必要な力ですよね？　これからの時代を生きていくのは、何も子どもだけではなく、大人たちもです。子どもが身に付けられるようにかかわるだけでなく、私たち大人も身に付け続けなければならない力が非認知能力なのです。まさに、「変化に対応できる者こそ生き残ることができる」というダーウィンの有名な言葉にあるように……。そして何よりも、第Ⅲ章で提案したように、子どもたちは非認知能力を身に付け続けようとしている大人の背中を見て育つわけですから！

さて、こんな質問があります。

Aさん：仕事はできるけど、人間的にいまいちな人
Bさん：仕事はできないけど、人間的によい人
あなたなら、どちらの人と仕事をしたいですか？

みなさんならどちらの人を選びますか？　言うまでもなく、「仕事もできて、人間的にもよい人」が最高ですよね。しかし、敢えてどちらか一方だけを選ぶとすれば……。自分が部下で、仕事のスキルを着実に高めていきたい、そのためには仕事ができる人から学びたいということであれば、上司としてAさんを選ぶかもしれません。自分の同僚として、弱みを補い合いながら楽しんで仕事をしていきたいということであれば、Bさんを選ぶかもしれません。いずれにしても、何らかの条件を付けることでやっと選ぶことができるような難問です。

そこで、この難問を認知能力と非認知能力から見てみるとどうでしょうか？　仕事ができるということは、その仕事に必要な認知能力（主に知識や技能）を高く持っていると予想できます。逆に仕事ができないということは、業種にもよりますが認知能力をあまり高く持っていない可能性がありますね。

では、二人の非認知能力を見てみるとどうでしょうか？　仮にAさんは仕事に必要な知識や技能をもっと高めていきたいという意欲や向上心によって、いまのAさんがあるのだとすれば、非認知能力を高く持っていることになります。一方のBさんは、意欲や向上心はわかりませんが、同僚に対する思いやりや社交性があるからこそ「人間的にはよい」と評価されているとすれば、Bさんも非認知能力を高く持っていることになります。その点では、Aさんは同僚たちと協働するための非認知能力が弱いのかもしれませんね。

このように、たしかにそれぞれの業種・職種に求められる専門性としての認知能力によって、仕事ができるかどうかを一つの側面から評価することはできるかもしれません。しかし、必ずしも仕事ができる人は非認知能力が高く、できない人は低いというわけでもなさそうです。Aさんは自分自身を高めるための意欲や向上心を持ち、Bさんは他者への思いやりや社交性を持っているのだとすれば、両者ともに非認知能力を高く持っていることになります。ただし、それぞれ別々の非認知能力です。

そこで、先ほど最高の人と称した「仕事もできて、人間的にもよい人」を二人が目指すとしたら、AさんとBさんはそれぞれどのような非認知能力を身に付ければよいのだろうか、ということになるわけです。

例えば、Aさんなら同僚たちと円滑な人間関係を築いていくために必要な非認知能力、Bさんなら専門性を着実に高めるために必要な非認知能力となるかもしれません（もちろん、この限りではありませんが……）。このように非認知能力という視点から見ると、子どもだけでなく社会人（大人）であっても、どの力を高めていけばよいのかを見出すことができるわけです。

ところで、ありがたいことに非認知能力は大人になっても高め続けることができるようです。それならば、現状に満足せずに高め続けていきたいものですね（現状に満足しない力も非認知能力の一つですが……）。そして、多くの人たちが100歳以上まで生き続けられるだろうこれからの時代！　その時代の変化にも対応でき、人生の幸福度を高めていきましょう。私たち大人がこうやって非認知能力を身に付けながら生きていく姿は、子どもたちにとって大切なモデルとなり、励みとなることでしょう。

そのために、私たちはどのようなことに注意しておけばよいのでしょうか？　第Ⅲ章にもあったように、どんな体験を、経験や学びへ変えていけばよいのでしょうか？　次ページから共有していきましょう！

1. まずは社会人手前の学生から

(1)大学生が非認知能力を得れば、新時代を担う「人財」に

大人といえば、別に社会人だけを指すわけではありません。18歳以上の学生(大学、短期大学、専門学校など)も含まれることになります。多くの場合、高校卒業後の進学先になるわけですが、もちろんここでも非認知能力を獲得・向上させていくことができます。むしろ、とても大切な時期ともいえるのではないでしょうか。高校生のとき以上に社会との接点も増え、18歳以上だからこそできる選択肢も増えてくるわけです。

特に4年制以上の大学では学業以外の自由な時間も増えるため、よく「人生の夏休み」などと揶揄されることも少なくありません。しかし、高校生までは「生徒」と呼ばれていましたが、「学生」と呼ばれるようになり、習うことでの「学習」から、自ら修めるための「学修」に移行するなど、大学生は本来学びの質を高めることが求められているのです。学びたい(研究したい)テーマを持ったり、就きたい職業を明確にイメージした

りする中で、卒業を目指し、学生として学修することが、あるべき大学生の姿といえるでしょう。

しかし、我が国の大学への入学希望者総数が入学定員総数を下回ることから、「大学全入時代」という言葉が生まれて約10年になります。さらに、18歳以下の人口の減少とそこに見合わない大学数の増加によって起きた「２０１８年問題」が拍車をかけて、大学経営もますます危ぶまれるようになりました。そのため、先ほどのような動機のあるなしにかかわらず、（ともすれば、大学によっては入学基準も下げて）学生として受け入れざるを得ない大学の事情も否めなくなったのです。

そうなると、学生の在学中の満足度をいかに上げ、最終的に就職率をいかに上げられるかが、次の入学者獲得のための課題となるわけです。したがって様々な「サービス」を提供しなければならなくなり、これらが本当に学生たちの自主自律のためになるのか、といった懐疑的な指摘もされるようになりました。

しかし、大学の経営を維持するためにはやむを得ないことでもあるというのが現実でしょう。このような状況の中で、大学における教育のあり方が問われてきます。決して「昔の大学の方がよかった」という話ではなく、先ほどのサービスが学生の様々な能力やモチベーションを高める教育として成り立つことができるなら、それは逆に昔の大学にはできなかった、いまの時代や社会のニーズにマッチした真のサービス（奉仕）になり得るのではないでしょうか。

つまり、大学でもまた学生の認知能力のみならず非認知能力の獲得・向上のための教育ができれば、これからの時代を担う「人財」として社会に送り出せるのではないかと提案したいものです。

（２）大学におけるキャリア教育の取り組みと可能性

２０１１年に文部科学省によって大学や短期大学といった高等教育機関へキャリア教育が義務付けられることになりました。第Ⅰ章でも紹介しましたが、ここでいうキャリア教育とは職業教育に限定しない広い意味の教育です。ところが、いったん全国の大学でキャリア教育に取り組み始めると、その方法や内容は様々なものとなってしまいました。例えば、就職支援のみに特化した「キャリアセンター」を設置したところ、「キャリア論」という理論的な学問として位置づけたところなどが代表的です（特に前者が圧倒的に多いのですが……)。

それでは、私が所属する岡山大学はどうかというと、先ほどの義務付け以前から、就職支援として学生の社会進出をきめ細かく献身的にサポートするとともに、正課の授業の中へ体系立てたキャリア教育プログラムを開発・導入してきたのです。つまり、出口(就職)のところだけでなく、入口(入学)のところからキャリア支援をしていくことにも重きが置かれていたことになります。さらに、キャリア教育の一環としていわゆる部活動などの正課外活動を支援することにも注力してきた点は、かなり独自性の高い取り組みだといえるでしょう。

教養教育と専門教育といった正課としての学問分野を通して、学生たちは主としてアカデミックな認知能力(知識や技能など)を獲得・向上することができます。もちろん、その中にキャリア教育的な要素も含み込んでおり、第Ⅰ章で紹介した基礎的・汎用的な能力の獲得・向上につながっていることは言うまでもありません。

しかし、社会人になっていく上でより一層多様な非認知能力を身に付けていくためには、正課の取り組みだけでなく、正課外活動にも大きな価値があるわけです。これは、第Ⅲ章で提案した小学生にとっての放課後の価値と重なっているともいえます。

【図1：大学における正課と正課外の全体像】

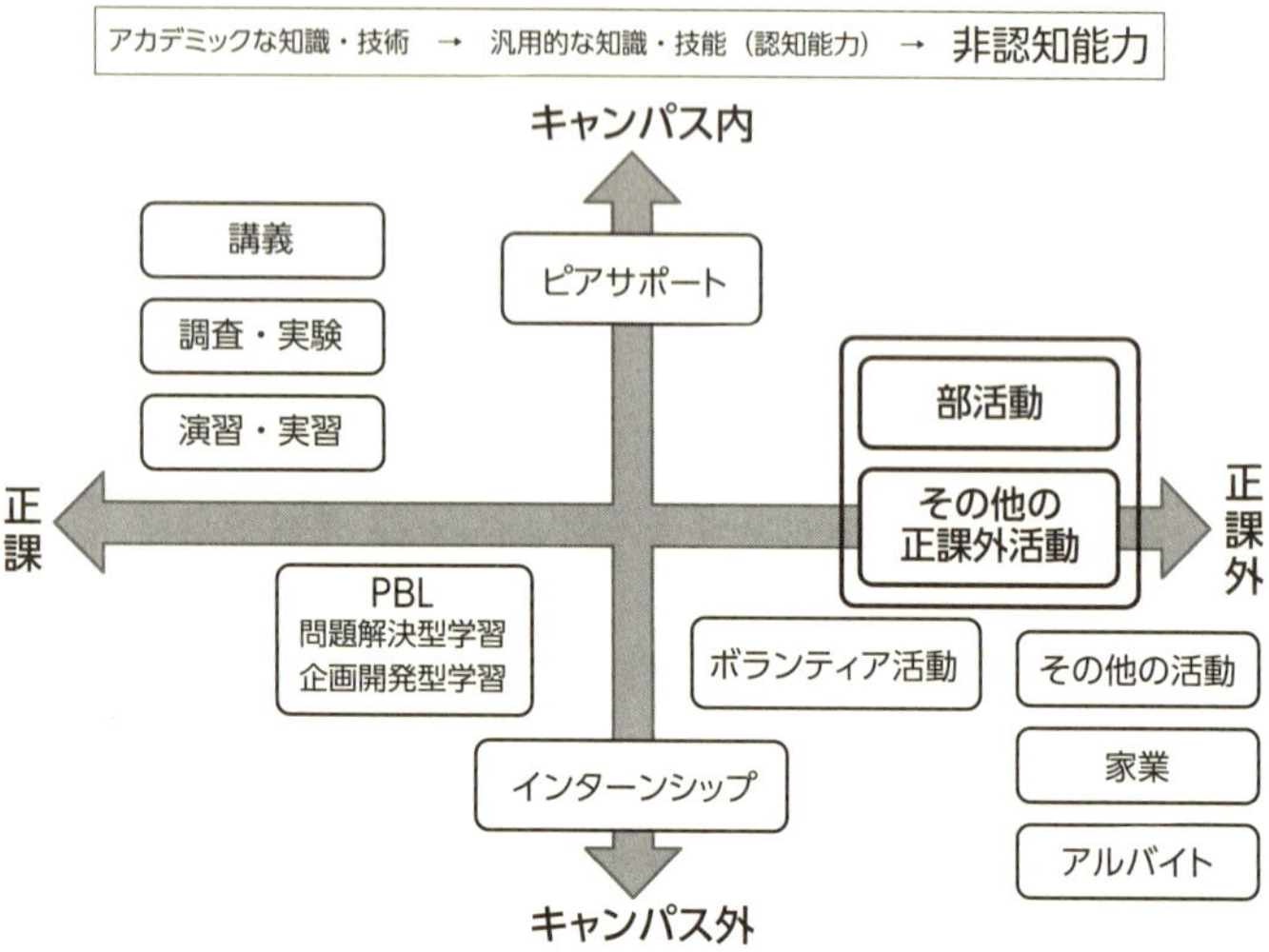

岡山大学では、基本的に学生たちの自主的な活動である正課外活動をキャリア教育の一環として支援することで、在学中の学生たちがさらに非認知能力を身に付けられるようにしたのです。図1のように、枠で囲んだ部活動とその他の正課外活動が、岡山大学のキャリア教育としての支援対象であることを示しておきます。

ここで留意したいのは、大学のキャリア教育として部活動を支援するといっても、決して各団体の競技レベルを高めていくことではない点です。いうなれば、競技レベルを高めるというのは、各競技の専門的な認知能力を高めることにもつながります。それは、各部活動の専門性に応じて取り組んでもらわなければなりません。そうではなく、体育系でも文化系でも部活動の中で共通して身に付けられる非認知能力のための支援ということになるのです。

例えば、すべての団体に共通するクラブ運営（マネージメント）やリーダーシップ、部員確保や練習時間確保のための問題解決、地域の方々からご理解とご協力をいただいて

【写真1：部活動に所属する学生たちの研修会と地域貢献活動】

上は、部活動の代表者によるリーダー研修の一場面。
下は、地域の用水路を清掃する学生たち

いることへの敬意……部活動に所属する学生たちはこれらを研修会・交流会や地域貢献活動を通じて体験し、経験、そして学びに変えていきます。それが、ひいては非認知能力の獲得・向上へとつながるわけです。

また、部活動に所属する学生だけではありません。図1の「その他の正課外活動」の中の一つとして、岡山大学学生総合支援センターが支援対象とする団体に「岡プロ！」があります。2011年に当時の初期メンバーである学生たちが、「岡山大学をプロデュースし、プロモーションする、プロジェクトチーム」を目指して結成されました。自分たちが所属する岡山大学を自分たちの手で盛り上げていくための学生団体であり、部活動に所属していない学生たちが中心となって活動しています。岡山大学を盛り上げることであれば、あとは創造力や企画力を発揮して主体的にプロジェクトを立ち上げ、仲間たちや外部の方たちと協働して、実行に移すことができます。いわゆる授業ではない正課外活動としてのPBL（企画開発型学習）というわけです。部活動とはまた違う体験を経験から学びに変えて、学生たちは様々な非認知能力を獲得・向上させていくことができるのです。

以上の通り、岡山大学におけるキャリア教育の取り組みを通じて、教育として学生の非認知能力を獲得・向上していけるための支援の一例をご紹介しました。このように、体験の幅を拡げる支援が学生にとって一つのきっかけとなり、そこから経験と学びに変えていくという方法は、子どもであっても学生であっても違いがないものであると確信できます。そうなると、もちろん社会人（大人）であっても基本的には同じことがいえるというのが、本章での最大の主張となるでしょう。

次節では、大人全般の非認知能力の身に付け方について提案を進めていくことにします。

【写真2：岡プロ！の学生たちによる成果物】

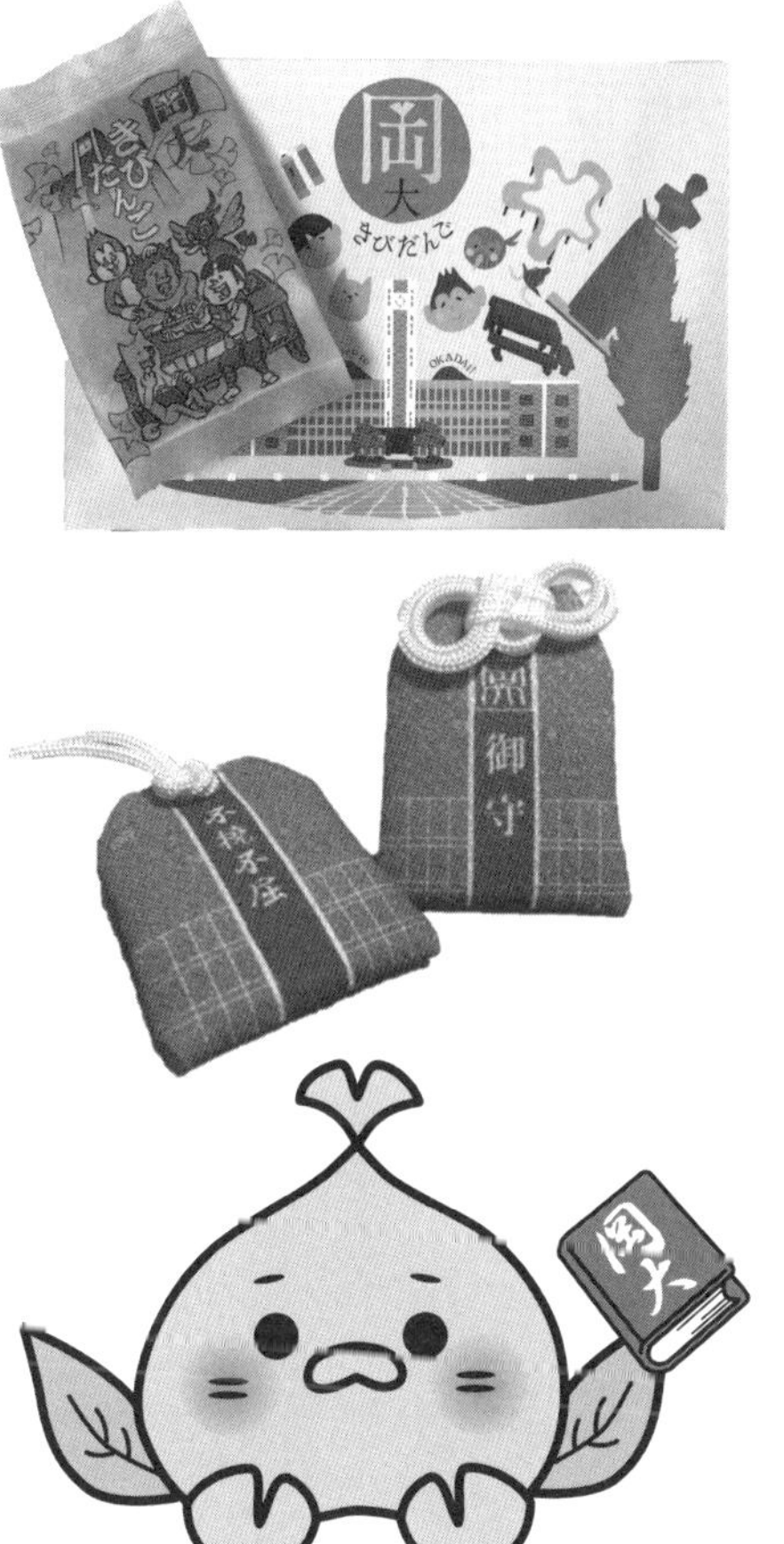

写真上は、株式会社　山方永寿堂と共同製作した「岡大きびだんご」。
中央は、岡山大学設立70周年に向けて製作した「岡大御守」。
下は、一般公募から選出・製作した「ゆるきゃら　いーちょ」。

2. 大人だからこそ体験と役割の幅を拡げる

(1)様々な能力の「足らず」に気づくためには?

215ページのAさんとBさんの話を思い出してみてください。いわゆる「できる人」とか「いい人」と一括りにしてその人をとらえるのではなく、非認知能力も含めた多様な能力の中で、どんな能力に優れ、どんな能力が不足しているのかと評価するわけです。非認知能力という共通言語が加わったことで、私たちはこれまで以上に(一括りではなく)丁寧かつ精緻に能力を評価することができるようになりました。これは、他者からの評価だけでなく、自分自身を評価する上でも大切なことです。つまり、自分は何が優れていて、何が足りていないのか……自分の能力の中で「足る」を知るとともに「足らず」に気づけるようになります。

ところが、なかなかそれは日常の中で難しいことでもあります。自分自身と向き合い、自己理解や自己分析を常に意識できる人なら可能かもしれませんが、日常の中で忙殺され、ゆとりを失えば失うほどなおさら困難なことです。そこで、先ほどの学生たちの正課外活動とも関連してきます。体験の幅を拡げる……新しい体験と出会うということですね。この新しい体験は、仕事の中にあるのか、家庭なのか、趣味なのか……人それぞれに違ってくるとは思われますが、まさに諸行無常の日々の中で新しい体験との出会いは潜んでいることでしょう。

人によっては、この体験の場を意識的に明確につくり出す人もいます。転職や新しい趣味、ボランティア活動やＰＴＡ活動などに新たに挑戦する人たちが代表的な例です。常に活動的に見える人たちは、特に新しい体験の場へ積極的に身を投じているため、その体験を通じて「足らず」に気づかされることも少なくないと思われます。

そして、非認知能力を含めた様々な能力の「足らず」に気づき（経験）、その力を高めようとすることが、学びにつながっていくわけです。もちろん、誰しもが能動的になれるわけではないでしょうから、ときには受動的な新しい体験の場との出会いも含めて、体験こそが「足る」を知り「足らず」に気づける機会であることを確認しておきます。

また、体験することに伴い、大人になるとより一層認識を強く持てるようになる（ときには持たされる）のが、「役割」ではないでしょうか？　いわゆる役割認識を持つということです。先ほどの学生の部活動を例にとると、同じ部活動という体験の場ではあっても、上級生になるにつれて部長や会計などの役割を持つようになります。役割が変われば、求められることも変わり、そこでの体験や経験、学びも変わってきます。役割は子どものときの活動の中にも同様にあるのですが、大人は多様にある役割の中から自らの役割認識を明確に持って、その役割に臨むことがますます求められます。その中で自分が役割を果たすためには、どのような能力が求められているのかという意識の仕方も変わってくるわけです。

例えば、多くの場合、家族の中で子どもが子どもという役割を認識するよりも、親が親という役割を認識する方が、その度合いは強くなることでしょう（もちろん親としての責任もありますので……）。すると、そこで親という役割を果たす上でやるべきことが明確になり、親として求められる多様な能力もまた明確になります。いつも金切り声を上げて子どもを怒ってしまっている親が、家庭内の雰囲気をよくするという親としての役割を認識することで、自制心をもっと高めようと「一呼吸おく」ことを意識していければ、非認知能力の獲得・向上につながります。

しかし、この役割を認識できていない、またはいくら認識できていても役割に応じてやるべきことをしようとしなければ、せっかく「足らず」に気づいても、そこから学び（能力の獲得・向上）にはつなげられなくなってしまいます。職場の役職だけではなく、日常の様々な場面でも私たち一人ひとりが果たしている（果たすべき）役割を認識することは、そこに求められる非認知能力の獲得・向上と大いに関係してくるのです。

（2）柔軟さと謙虚さを備えることがカギ

ここで、第Ⅰ章でも紹介した二人の研究者をもう一度紹介します。まず、ジョン・D・クランボルツです。クランボルツは、社会的に成功した人たちに共通することは何なのだろうかと研究（主にインタビュー調査）を蓄積していく中で、「計画された偶発性理論」にたどり着きました。人のキャリアは、自分自身の手で切り拓いていくだけでなく、人生の約80％を占める偶然の出来事が大きく影響を与えている。だからこそ、その偶然の出来事が起こらないように避けるのではなく、むしろ、その偶然の出来事を最大限に生かしたり、積極的につくり出したりすることが重要なのだと……。

そして、それができる人たちはこれらの偶然がいかにも計画的に起きたかのようにつながっている、と提起しました。さらに、このようなことができる人たちには次の5つの共通点（つまり非認知能力）があると明言したのです。

①好奇心（新しいことを知り、学ぼうとできること）
②持続性（失敗しても、あきらめずに努力できること）
③柔軟性（状況に応じて、姿勢や物事の考え方を変えられること）
④楽観性（チャンスはやってきて、つかめると考えられること）
⑤冒険心（結果のことは考えずに、まずは行動できること）

この中で特に注目したい非認知能力は「③柔軟性」です。というのも、もう一人の研究者として紹介したいキャロル・S・ドゥエックも同様のことを提起しているからです。彼女は「マインドセット（心の持ちよう）」を研究する中で、柔軟に物事をとらえようとするマインドセットを持てば、常に成長し続けることができ、凝り固まったマインドセットを持てば、成長が見られないということを明らかにしました。

そして、前者を「グロースマインドセット」、後者を「フィクストマインドセット」と銘打ったのです。奇しくも、それぞれの研究者が共に「柔軟さ」という非認知能力が重要であると提起したことになります。さらに言えば、柔軟さこそがそのほかの非認知能力や認知能力を獲得・向上させる原動力になるといっても過言ではないでしょう。

この柔軟さを身に付けていくための心のあり方は、日本の文化の中では「謙虚さ」として大切にされてきました。「実るほど頭（こうべ）を垂れる稲穂かな」という言葉通り、年を重ね大人になればなるほどに、本来わかっていないことや足りていないことに気づき、低姿勢になることができるのです。それは、まさに学びに対する謙虚さがあるからこそ可能なことですよね。先達から学び自らがロールモデルになっていくことも重要ですが、同時に部下や後輩たちからも学ぼうとする姿勢を持つことが、非認知能力や認知能力を高め続けられる大人になるための端緒ではないでしょうか。

教え子や我が子との関係でも同じことがいえます。例えば、一人の子どもが「どうして勉強しなければいけないの？」と尋ねてきたら、みなさんはどう答えますか？「しっかり勉強すれば、よい社会人になれるぞ！」とか「勉強していい高校やいい大学に進めば職業の選択肢が広がるよ！」とか……。どこかで聞いたことのある回答例ですね。もしくは、「勉強なんかしなくてもいいんだ！　たくましく生きていけばいいんだ！」と答える場合もあるかもしれません。どれが正解とはいえない（共通解を持たない）問いに対して、親として教育者として人生の先輩として自信と確信を込めた回答をすることは重要です。

しかし、一方では「わかったふり」をしているだけという自覚を持つことも重要ではないでしょうか？　学びに対する謙虚さとは、常にわからない問いと向き合い続けていることへの自覚から生み出されていくのです。子どもからの問いを受けて、改めてその問いがよくわかっていないことに気づき、そこから子どもと一緒に考えられる大人……。そして、子どもから出てきた考えに耳を傾け、子どもの考えから学ぼうとできる大人……。そんな大人は、きっと子どもにとっても魅力的だし、その子にとって憧れのロールモデルになれるかもしれません。「私にとっての先生は子どもたちです！」と（建前でなく）本心から言える学校の先生が魅力的なように……。

（3）大人も認知能力を高められる？

これまでの章では、子どもへ焦点を当ててきたため、認知能力といえばどこか学校の教科で得られる知識や技能というイメージが強かったように思われます。しかし、ＯＥＣＤから引用すると「認知的スキル」は次の通りでした。

・基礎的認知能力（パターン認識、処理速度、記憶）
・獲得された知識（呼び出す、抽出する、解釈する）
・外挿された知識（考える、推論する、概念化する）

つまり、認知能力もまた教科の学習に限定された狭い能力ではなく、もっと広い能力を指していることになるわけです。このように認知能力をとらえたとき、私たち大人も認知能力の獲得・向上を求められていることがわかります。それは、仕事でも、地域でも、家庭でも同じことです。ただし、子どもの頃のようにその都度テストで到達度を測定したり、節目ごとに試験をパスしたりしなくなっただけのことです（その中には、資格試験や昇格試験などもありますが……）。

しかし、何らかの知識や情報をインプットすることもあり、それらを活用することもあります。的確に報連相（報告・連絡・相談）をしたり、わかりやすくプレゼンテーションをしたり、企画書・報告書を作成したりすることもあります。そのため、大人に求められる認知能力は、（いちいち測定はされないものの）子どもの頃以上に多様かつ高度なものが求められているのかもしれません。さらに場合によっては、完成までのスピードも要求されてしまいます……。

そして、これまでの提案を踏まえると、大人に求められる認知能力も非認知能力との相互作用によって高め合っていけるということになります。たしかに、記憶力など年齢を重ねることで低下しがちな認知能力もあるかもしれませんが、認知能力を先ほどの通り広くとらえれば、年齢を重ねたからといって認知能力が全体的に低下するわけではないでしょう。それならば、子どもの頃から大人に到るまで非認知能力を高めていった人ほど、認知能力も高められる可能性を持っていることになります。これは、当然のことといえば当然のことですよね。自らが学びたい、高まりたいという意欲を持つことができていれば、現状に満足せずにいろいろなことへ挑戦していけるからです。自分以外の他者のために何かをしたい、自らが所属する組織や社会のためにもっと貢献したいと思うことができていれば、そこにある課題解決に向けて注力していけることでしょう。こういう人たちは、自ずと周囲からもあてにされるようになり、やること（体験や役割）も増えていきますから、そこで求められるそれぞれの認知能力も高めていくことができるわけです。

だからこそ、子どもの頃に狭い意味での認知能力ばかりを身に付けさせようとするのではなく、非認知能力も身に付けていけば、大人になってからの認知能力の向上につながりますね。もちろん、子どもの頃だけでなく、大人になってからも非認知能力を身に付けていけば、認知能力を高めるために有効となります。いずれにしても、「人生100年時代」に突入したのは、子どもたちだけでなく私たち大人もです。大人たちもより豊かな100年時代を過ごしていくために、認知能力と非認知能力とのシナジー（相乗効果）をつくり出していきたいものです。

(4)大人も学び直すリカレント教育の可能性

このように「人生100年時代」に向かって、大人たちも認知能力や非認知能力を獲得・向上し続けていくことが求められるようになりました。そのための仕組みとして、近年我が国でも掲げられているのが「リカレント教育」です。リカレント教育とは、大人が学び直すための教育であり、大学や短期大学、専門学校をはじめ地域機関においても拡がり始めています。次のキャリアパス（例えば転職や再就職）のために資格を取得したい人は、その資格取得のためのリカレント教育に取り組みます。また、起業家（アントレプレナー）を目指して、起業のために必要な知識やスキルを身に付ける人も年々増えつつあります。もちろん、大人になったいまだからこそ教養の幅を拡げていきたいとか、ライフワークに生かせるものを身に付けていきたいというニーズからリカレント教育に取り組む人たちもいます。

実際に、私自身も20代に勤めていた「学童保育（放課後児童クラブ）」について、自ら実践してきたことをふまえて、学童保育に従事する専門職者の専門性とは何かを言語化・理論化しようと現場を離れて大学院へ進学した経緯があります。これもまたリカレント教育といえるでしょう。幼児期から青年期に到るまでが教育を受けられる時期として限定されているのではなく、大人（社会人）になっても教育を受け、学び続けられる仕組みがあることは、認知能力と非認知能力の獲得・向上につながるとともに、一人ひとりの生活の質（Quality of life）を高めることになります。まさに、より多くの人がより長く人生を過ごせるようになった現在において必要不可欠な教育の姿（仕組み）といえるでしょう。

しかし、残念なことにほかの先進国と比較しても、我が国のリカレント教育は決して進んでいるとはいえません。仕事を終えた後でそのまま教育プログラムを受けようと思っても、身近に教育プログラムがなかったり、職場的に受けづらい環境に置かれていたりと様々な問題を孕んでいます。併せて、リカレント教育を受けたからといって、明確なインセンティブ（給与アップやキャリアアップなど）につながるケースも少ないのが現状です。これからの社会的な動向とも相まって、リカレント教育がますます充実して、大人たちが意欲的に学び直している姿を子どもたちに見せることができれば、子どもたちもまた学びへの意欲を高めることができるのではないでしょうか。

3．大人が子どもたちのためにできること

（1）私と父とのエピソード

さて、私事で恐縮ですが、少し私の父の話をさせてください。私の父は、68歳のとき（2004年11月21日）に心筋梗塞で亡くなりました。非常に短気な性格を持ち合わせており、私が子どもの頃から何かあれば瞬間湯沸かし器のように怒鳴られることも少なくありませんでした。この点でいえば、平成の時代を終えようとしている現在、決して「よい父親」とはいえなかったと思います。

しかし、不思議なもので私の発達に大きな影響を与えてきた存在であることは間違いありませんでした。例えば、私が子どもの頃、父から塾や習い事の強要をされた覚えはありません。その一方で、私がやりたいと望んだことについては、応援し過ぎるほど応援してくれたものです。

また、私が学校などで先生や先輩から怒られ、落ち込んで帰ってきたときには、「それ

はお前を鍛えてくれているんだ！」などと言って笑い飛ばす姿に励まされたものです（これは、非認知能力に変換するならば、楽観性ということになるでしょう）。父は、私が悲観的にとらえていたことを、楽観的にとらえ直してくれたわけです。

ところが、私が中学校の陸上競技大会の1500メートル走で全力を出さずふざけて走っていたことを聞きつけた父は、逆に私を大いに叱り飛ばしたものです。「順位が低かったから怒っているんじゃない！　お前が全力で走らなかったことを怒っているんだ！」と……。

そんな父ではありましたが、私のやりたいことに猛反対したことがありました。それは、私が大学卒業後に「学童保育指導員」になったときのことです。もともと子どもの教育に携わりたかったことから、小学校教員を目指していた私を父は応援してくれていました。

しかし、偶然の出会いから学童保育指導員へ方向転換をして、当時（1999年）月給7万円、社会保険なし、昇給なしという劣悪な処遇を知った父は、さすがに「いますぐやめろ！」と激昂したのです。一方の私といえば、学童保育に対するやりがいと社会的価値をすでに強く感じていたため「絶対にやめない！」の一点張り。それから毎週末には親子喧嘩が勃発する状況が続くようになりました。そんな日々が続き、私のますます固まる決意と処遇面の向上などから、父との親子喧嘩も次第に沈静化してきたところで、突然の父の急逝。私は大きなショックを抱きながら、喪主として葬儀の慌ただしさに追われることになったのです。

そして、葬儀の最中のこと。弔問に来てくださった父の知り合いの方から、「君が息子さんだね。学童保育をがんばっているんだってね！」というお声掛けをたくさんいただき、私の頭の中は「？」でいっぱいになりました。ある方に「どうしてご存知なんですか？」と尋ねると、「君のお父さんは、私たちとの会合の場でよく『うちの息子は学童保育をがんばっているんだ。何かあったら力になってあげてほしい』と話していたんだよ」と教えていただけたのです。さらに、葬儀が落ち着いたある日、父の書斎を片付けていると、引き出しの中から当事者の私でさえ持っていないような学童保育に関する新聞記事が次々と出てきたのでした。そのとき、父がこれほどまでに私のことを応援してくれていたのだと、初めて強く実感したものです。この出来事は、学童保育の充実や子どもたちの豊かな育ちのために、できる限り挑戦したいという私の明確なモチベーションになっています。と同時に、「親としてのあり方」を学ぶきっかけにもなりました。

子どもの発達に影響を与える「環境（自分以外のすべての人・もの・こと）」の中でも、家族など重要な他者が持つ影響力の大きさは言うまでもありません。

そして、いま、親子関係のあり方はますます多様になってきています。昔ながらのタテ（父権的）関係から今どきのヨコ（友達的）関係、どれが親子関係として正解なのかはわかりませんが、どのような関係であっても、親は子どもに何かを教えたり、伝えたりしているはずです。

しかし、教えたいことや伝えたいことが、決してすぐに子どもにわかってもらえるわけではないでしょうし、わかってもらえないままのこともあるかもしれません。そのような中、子どもは大人になっていく過程で、「あのときのことは、こういうことだったのか⁉」と気づき、学びに変えていくものなのでしょう（恥ずかしながら、私も後になって気づかされることばかりです）。その点では、親だけでなく、子どもにかかわるすべての大人たちは、たとえいまは子どもにわかってもらえなかったとしても、子どものために「置いていく」ことが大切なのだと思うのです。ただし、その置いていったものを子どもが拾ってくれるかどうかは、子どもへ委ねるしかありませんが……。

（2）大人のポジティブな姿を子どもたちに見せる

さて、大人たちが子どもたちへ「置いていく」ことの大切さについて提案しましたが、置き方にもいろいろあることでしょう。直接言葉で伝えること、直接は伝えず何か代わりになるものを使って伝えること、そして大人自らがやって見せること……。学びは「まね（真似）び」から始まるというように、実際に人間以外の動物であっても何らかのやり方を子どもの目の前でやって見せてあげて、それを子どもが実際にやってみる（真似をする）ことで、できるようになっていきます。いわゆる「モデリング」という方法ですね。

言うまでもないことですが、子どもは大人（特に、重要な他者）をよく見ていて、大人のやり方や物事の見方・とらえ方を身に付けていきます。佐伯胖《ゆたか》氏の「学びのドーナッツ論」などはその代表的な考え方ともいえます。図2をご覧ください。

このように、子ども（I）は、重要な他者となる大人（YOU）を通じて、第三者（そのほかの他者）の世界（THEY）を見ているわけです。だから、例えば保護者が学校の学級担任の先生の悪口を公然と我が子の前で話していたら、その子は担任の先生に対

【図2：学びのドーナッツ論】

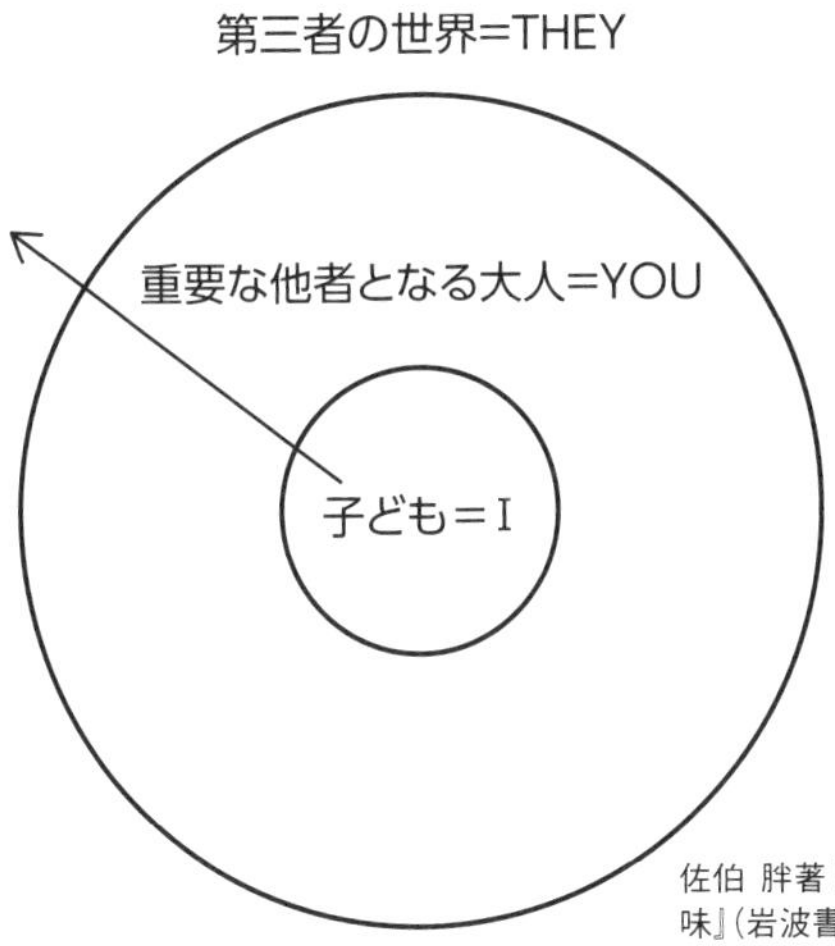

佐伯 胖著『「学ぶ」ということの意味』（岩波書店）をもとに作成

して否定的な見方をしてしまうようになります。保護者は、我が子にとっての重要な他者であることを自覚しておかないといけません。もちろん、保護者だけでなく子どもとかかわるすべての大人に共通することでもあります。

また、もっと積極的に考えていくと、大人たちがどんどん肯定的なとらえ方を子どもたちに発していったり、子どもたちの前で楽しんでいる姿を見せていったりすれば、子どもたちの第三者の世界に対するとらえ方も変わってくることになります。大人たちが、仕事を辛そうにしている、勉強は苦しく大変なものだ、世の中に出れば夢なんて何もない……などの姿を子どもに見せつけていたら、子どもは前向きな気持ちで大人になりたいと思えるでしょうか？　逆に大人たちが、仕事を楽しんでいる、意欲的に学び直している、いつも夢の実現に向かっている……といった姿を見せていたら、子どもは早く大人になりたいと思えるようになるでしょう。大人たちがどのような姿を見せるのか、それが子どもたちに「置いていく」ということであり、いまの大人たちの姿が、子どもたちへ、そしてこれから先の未来へ影響を及ぼすことになるのです。

（3）大人たちにとっての重要な宿題って何？

大人たちにとって、これからの時代のための宿題がもうひとつあります。第I章で落合陽一氏の提起に基づいて、AIと共存・協業するために、人間は現場での実働・実践クラスに加えて、クリエイティブ・クラスになっていくことが求められると紹介しました。このクリエイティブ・クラスは、現時点で存在していないかというとそうではありません。世界をよりよくしていくために、創造的かつ革新的に思考し実行している大人たちはすでに存在しているのです。問題は、全体のバランスにあります。現在は、ホワイトカラーと呼ばれる管理・指示クラスも人間が大半を占めている状況です。そのため、クリエイティブ・クラスの割合が全体の中で少なくなっています。とはいうものの、仮に管理・指示クラスに占める割合の多くがＡＩへ移行したとして、果たしてその分クリエイティブ・クラスへ多くの人間（大人）たちが位置づいていけるのでしょうか？

ここが大人たちにとっての重要な宿題になるわけです。これからの時代のために目指すべきは、次ページ図3の右側のような状態です。クリエイティブ・クラスの「とんがり」が拡がり始め、管理・指示クラスはＡＩとの協業によって補完していくような形になります。すると、クリエイティブ・クラスの「とんがり」を拡げていくためには、これからの未来を担う子どもたちだけに託すのではなく、何よりもいまの大人たちがその役割を果たさなければなりません。

つまり、まずは（子どもたちだけでなく）大人たちが、クリエイティブ・クラスへと歩を進めていくのです。決して子どもまかせにしていてはいけません。だからこそ、体験と役割の幅を拡げ、新しい学びを生み出し、非認知能力も認知能力も獲得・向上し続けていく必要があります。その姿を子どもたちへ見せるとともに、実際にクリエイティブ・クラスの「とんがり」を少しでも拡げられた状態にしてから、次の世代へバトンを

【図3：これからの時代に向かうための就業構造】

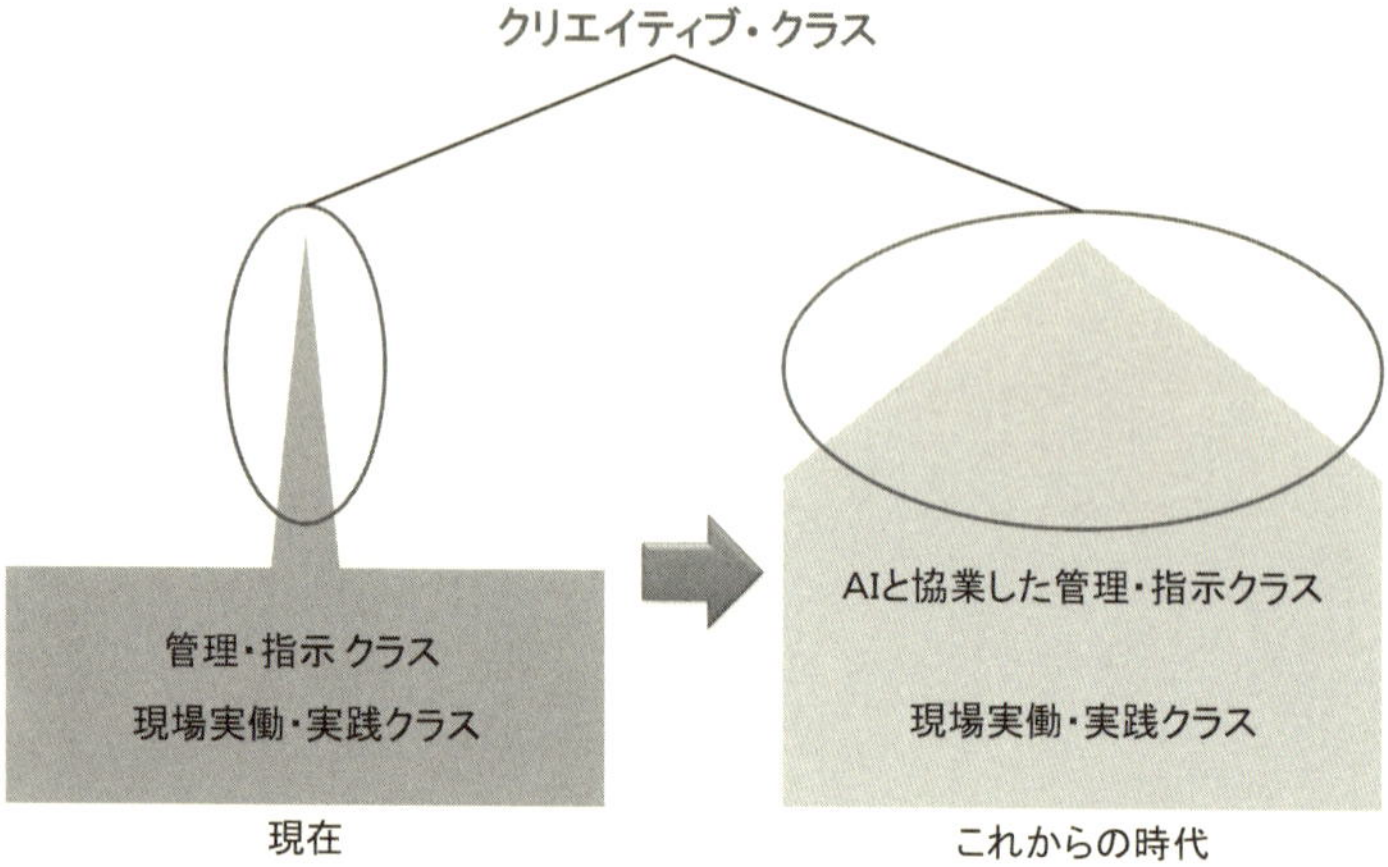

渡していきたいものです。

私たち大人にとっての重要な宿題です。ぜひ、大人たちが一緒になってこの宿題に取り組んでいきましょう！

第Ⅴ章のまとめ

○大人も非認知能力を獲得・向上していくことはできます。そのためにも、子どもの放課後や大学生の正課外活動のように体験を拡げられる機会が必要です。また、そこでの新しい体験や求められる役割を認識しながら、経験や学びに変えていきたいものです。

○新しい体験や求められる役割と出会うことで、自分にはどのような非認知能力が必要なのかを具体的に意識できれば、その能力を伸ばしていくことができるでしょう。そのためにも、柔軟な心の持ちようや謙虚さは必要不可欠です。

○大人は、広い意味での認知能力も高めることができます。非認知能力と認知能力とのシナジー（相乗効果）をつくり出していきましょう。そのためにも、これからの時代はリカレント教育（大人の学び直し）が有効な機会の一つになってくるでしょう。

○大人の考え方や発言、行動や姿勢は、そのまま子どもにとって重要な発達のための環境になります。大人は、未来を担う子どものために何かを置いていける存在であることを自覚しておきたいものです。そして、これからの時代を子どもにばかり託すのではなく、まずは大人たちが一緒になって宿題に取り組んでいきましょう！

“大人が変われば、子どもも変わります！”

おわりに

ちょうど今年は平成最後の年。このような記念すべき年に、これからの時代にますます求められる力「非認知能力」について執筆できたことは、とても大きな喜びです。この本がたくさんの大人の方々に気づきを提供でき、ひいては子どもたちの学びや育ちにプラスの影響を与えることができれば幸いです。

そして、奇しくも２０１８年は私の故郷岡山の地が未曽有の豪雨災害に見舞われた年でもあります。また、災害レベルの猛暑、北海道や大阪での地震、各地で猛威を振るう台風など、私たちの想定をはるかに超える天災・地災まで起きてしまいました。日本だけでなく、世界各国で起こり始めているこうした現状を、私たちは目の当たりにすることとなったのです。技術的な革新に加えて、地球環境の変動まで……。最早、「何が起こるかわからない時代」「何が起きてもおかしくない時代」を迎えているわけです。

このような時代を、大人も子どもも生き抜いていかなければなりません。そのためにも、非認知能力は欠かすことのできない力といえます。親たち、大人たちが、本当に子どもたちのことを考えるのなら、認知能力に偏り過ぎた認識から脱却して、彼ら彼女らが非認知能力を身に付けていけるように力を注ぐべきではないでしょうか。

私たちの生涯発達は、自分以外のすべての人・もの・こと（広い意味の環境）と出会い、かかわることで起きる化学反応のようなものです。この化学反応を起こすための「環境」を子どもたちにどれだけ置いていけるかが、大人たちの最大の役割であり責任であるといえるでしょう。そう考えると、「私」という一個人も、父や母や姉、妻、友人、先輩や後輩、恩師の先生、教え子たち……これまで出会い、かかわってくださったすべての人たちに育てられてきたことを改めて実感し、感謝と幸せを抱くところです。この感謝と幸せの「結び」を、共に暮らす3人の我が子たちに、さらにはより多くの子どもたちに紡いでいければと、凛然たる思いを持つことができました。それこそが、この度の執筆を通して私自身が得た最大の学びかもしれません。

また、本書では理論的な話だけに終始するのではなく、実際に取り組みが始まっている大人たちの挑戦（実践）についてもご紹介することができました。これからの時代のために挑戦してくださっている同志の方々に、この場をお借りして厚く御礼申し上げます。そして、こうした挑戦が全国各地で次々と拡がっていくことを願ってやみません。

最後になりますが、本書の刊行にあたって東京書籍の金井亜由美さんには企画の段階から多大なるご尽力を賜りました。この度、彼女と共に挑戦できたことも、人とのつながりの大切さを学ばせてもらえた大変貴重な経験です。改めて感謝申し上げます。
平成の向こう側の時代、この非認知能力が特別な共通言語ではなく、当たり前のものへなっていくことに期待を込めて、本書を締めくくります。

2018（平成30）年10月

中山　芳一

参考文献

第Ⅰ章　知っていますか？　非認知能力

・ジェームズ・J・ヘックマン（大竹文雄解説、古草秀子訳）『幼児教育の経済学』東洋経済新報社、2015年
・『家庭の経済格差と子どもの認知能力・非認知能力格差の関係分析―2．5万人のビッグデータから見えてきたもの』日本財団、2018年
・遠藤利彦「非認知的（社会情緒的）能力の発達と科学的検討手法についての研究に関する報告書」『平成27年度プロジェクト研究報告書』国立教育政策研究所、2017年
・中室牧子『「学力」の経済学』ディスカヴァー・トゥエンティワン、2015年
・中山芳一「新しい能力の育成に関する一考察―大学のキャリア教育と小学生の放課後に焦点を当てて―」『大学教育研究紀要（第10号）』岡山大学　大学教育研究編集委員会、2014年
・デイビッド・R・カルーソ、ピーター・サロベイ（渡辺徹監訳）『EQマネージャー』東洋経済新報社、2004年
・ダニエル・ゴールマン（土屋京子訳）『EQ―こころの知能指数』講談社、1996年
・WHO編（川畑徹朗他監訳）『WHOライフスキル教育プログラム』大修館書店、1997年
・岸本裕史『見える学力、見えない学力』、大月書店、1981年
・松下佳代編著『〈新しい能力〉は教育を変えるか―学力・リテラシー・コンピテンシー』ミネルヴァ書房、2010年
・M・J・イライアス他（小泉令三編訳）『社会性と感情の教育―教育者のためのガイドライン39』北大路書房、1999年
・経済協力開発機構（OECD）編著、ベネッセ教育総合研究所企画・制作（無藤隆・秋田喜代美監訳）『社会情動的スキル―学びに向かう力』明石書店、2018年
・ダニエル・ネトル（竹内和世訳）『パーソナリティを科学する』白揚社、2009年

・キャロル・S・ドゥエック（今西康子訳）『マインドセット――「やればできる！」の研究』キャップス、２０１６年
・ウォルター・ミッシェル（柴田裕之訳）『マシュマロ・テスト――成功する子・しない子』早川書房、２０１５年
・アンジェラ・ダックワース（神崎朗子訳）『やり抜く力――人生のあらゆる成功を決める「究極の能力」を身につける』ダイヤモンド社、２０１６年
・J・D・クランボルツ、A・S・レヴィン（花田光世・大木紀子・宮地夕紀子訳）『その幸運は偶然ではないんです！』ダイヤモンド社、２００５年
・クラウス・シュワブ（世界経済フォーラム訳）『第四次産業革命――ダボス会議が予測する未来』日本経済新聞出版社、２０１６年
・落合陽一『これからの世界をつくる仲間たちへ』小学館、２０１６年
・新井紀子『ＡＩ vs. 教科書が読めない子どもたち』、東洋経済新報社、２０１８年
・リンダ・グラットン、アンドリュー・スコット（池村千秋訳）『LIFE SHIFT』東洋経済新報社、２０１６年
・C・ファデル、M・ビアリック、B・トリリング（岸学監訳）『21世紀の学習者と教育の４つの次元――知識、スキル、人間性、そしてメタ学習』北大路書房、２０１６年
・汐見稔幸『２０１７年告示　新指針・要領からのメッセージ――さあ、子どもたちの「未来」を話しませんか』小学館、２０１７年
・文部科学省「今後の学校におけるキャリア教育・職業教育のあり方について」『中央教育審議会答申』文部科学省時報平成23年3月臨時増刊号、ぎょうせい、２０１１年

第Ⅱ章　子どもの育ちと非認知能力

・中山芳一『学童保育実践入門――かかわりとふり返りを深める』かもがわ出版、２０１２年
・「激変！　子供の体と健康」『プレジデントFamily　２０１６年秋号』プレジデント社、２０１６年
・中山芳一「いま、書道に求められている価値とは？――からだ？　こころ？　ちから？――（第Ⅰ章）」『書道研究誌　正

筆　２０１７年8月号』正筆会、２０１７年
・岡本夏木『ことばと発達』岩波書店、１９８５年
・岡本夏木『認識と言葉の発達心理学』ミネルヴァ書房、１９８８年
・鯨岡峻『ひとがひとをわかるということ　間主観性と相互主体性』ミネルヴァ書房、２００６年
・鯨岡峻『子どもは育てられて育つ　関係発達の世代間循環を考える』慶応義塾大学出版会、２０１１年
・中垣啓、坂爪一幸、安彦忠彦編著『子どもの発達と脳科学―カリキュラム開発のために』勁草出版、２０１２年
・田丸敏高、河崎道夫、浜谷直人編著『子どもの発達と学童保育―子ども理解・遊び・気になる子』福村出版、２０１１年
・心理科学研究会編『小学生の生活とこころの発達』福村出版、２００９年
・ポール・タフ（高山真由美訳）『成功する子　失敗する子―何が「その後の人生」を決めるのか』英治出版、２０１３年
・ポール・タフ（高山真由美訳）『私たちは子どもに何ができるのか―非認知能力を育み、格差に挑む』英治出版、２０１７年
・中間玲子編著『自尊感情の心理学　理解を深める「取扱説明書」』金子書房、２０１６年
・諸富祥彦編著『ほんものの「自己肯定感」を育てる道徳授業　小学校編』明治図書、２０１１年
・高垣忠一郎『生きることと自己肯定感』新日本出版社、２００４年
・渡辺弥生『子どもの「10歳の壁」とは何か？　乗りこえるための発達心理学』光文社、２０１１年

第Ⅲ章　非認知能力の育ち方・育て方

・アーリック・ボーザー（月谷真紀訳）『Learn Better―頭の使い方が変わり、学びが深まる6つのステップ』英治出版、２０１８年
・那須正裕『「資質・能力」と学びのメカニズム』東洋館出版社、２０１７年
・内田伸子『子育てに「もう遅い」はありません』冨山房インターナショナル、２０１４年

・浜井浩一・芹沢一也『犯罪不安社会　誰もが「不審者」?』光文社、2014年
・岡本螢・作/刀根夕子・画『おもひでぽろぽろ 愛蔵版コミックス』青林堂、2011年
・キャロライン・ウェブスター＝ストラットン(北村俊則、大橋優紀子、竹形みずき、土谷朋子、松長麻美訳)『すばらしい子どもたち―成功する育児プログラム』星和書店、2014年
・ピーター・グレイ(吉田新一郎訳)『遊びが学びに欠かせないわけ―自立した学び手を育てる』築地書館、2018年。
・的場康子「小学生の放課後の過ごし方の実態と母親の意識―小学生の放課後生活と教育に関するアンケート調査結果から」『ライフデザインレポート(186)』第一生命経済研究所ライフデザイン研究本部、2008年
・ロバート・ミシュニック・ゴリンコフ、キャシー・ハーシュ＝パセック(今井むつみ・市川力訳)『科学が教える、子育て成功への道―強いココロと柔らかいアタマを持つ「超」一流の子を育てる』扶桑社、2017年
・P・グリフィン、B・マクゴー、E・ケア編著(三宅なほみ監訳・望月俊男訳)『21世紀型スキル―学びと評価の新たなかたち』北大路書房、2014年
・ダイアン・ハート著、田中耕治監訳『パフォーマンス評価入門―「真正の評価」論からの提案』ミネルヴァ書房、2012年
・マーガレット・カー著(大宮勇雄、鈴木佐喜子訳)『保育の場で子どもの学びをアセスメントする―「学びの物語」アプローチの理論と実践』日となる書房、2013年
・中山芳一『新しい時代の学童保育実践―Innovations in After-School Children Practices』かもがわ出版、2017年
・ドナルド・A・ショーン(佐藤学、秋田喜代美訳)『専門家の智恵　反省的実践家は行為しながら考える』ゆみる出版、2001年
・ドナルド・A・ショーン(柳沢昌一、三輪建二監訳)『省察的実践とは何か　プロフェッショナルの行為と思考』鳳書房、2007年
・三宮真智子『メタ認知で〈学ぶ力〉を高める―認知心理学が解き明かす効果的学習法―』北大路書房、2018年

・中山芳一『コミュニケーション実践入門―コミュニケーション力に磨きをかける』かもがわ出版、2015年

第Ⅳ章　非認知能力を育てるための実践例―大人たちの挑戦―

・中山芳一『新しい時代の学童保育実践―Innovations in After-School Children Practices』かもがわ出版、2017年
・中山芳一「いま、書道に求められている価値とは?―からだ? こころ? ちから?―(第Ⅱ章)」『書道研究誌正筆 2018年8月号』正筆会、2018年

第Ⅴ章　大人たちも非認知能力を!

・三浦孝仁、坂入信也、宮道力、中山芳一『大学生のためのキャリアデザイン―大学生をどう生きるか』かもがわ出版、2013年
・キャロル・S・ドゥエック(今西康子訳)『マインドセット―「やればできる!」の研究』キャップス、2016年
・J・D・クランボルツ、A・S・レヴィン(花田光世、大木紀子、宮地夕紀子訳)『その幸運は偶然ではないんです!』ダイヤモンド社、2005年
・金井嘉宏、楠見孝編『実践知　エキスパートの知性』有斐閣、2012年
・佐伯胖『「学ぶ」ということの意味』岩波書店、1995年
・落合陽一『これからの世界をつくる仲間たちへ』小学館、2016年

中山芳一（なかやま　よしかず）

岡山大学全学教育・学生支援機構准教授。専門は教育方法学。1976年1月、岡山県生まれ。大学生のためのキャリア教育に取り組むとともに、幼児から小中学生、高校生たちまで、各世代の子どもたちが非認知能力やメタ認知能力を向上できるように尽力している。さらに、社会人を対象としたリカレント教育、全国各地の産学官民の諸機関と協働した教育プログラム開発にも多数関与。9年間没頭した学童保育現場での実践経験から、「実践ありきの研究」をモットーにしている。

ブックデザイン　長谷川理
イラスト（p66, 87）　井上和美
編集　金井亜由美（東京書籍）

学力《がくりょく》テストで測《はか》れない
非認知能力《ひにんちのうりょく》が子《こ》どもを伸《の》ばす
2018年11月21日　第1刷発行
2019年11月7日　第5刷発行

著　者　中山芳一
発行者　千石雅仁
発行所　東京書籍株式会社
東京都北区堀船2-17-1　〒114-8524
電話　03-5390-7531（営業）
03-5390-7512（編集）
https://www.tokyo-shoseki.co.jp

印刷・製本　株式会社リーブルテック

ISBN978-4-487-81154-0 C0095
Copyright ©2018 by Yoshikazu Nakayama
All rights reserved. Printed in Japan
乱丁・落丁の場合はお取り替えさせていただきます。
定価はカバーに表示してあります。
本書の無断使用は固くお断りします。

本書に掲載した情報は2018年10月現在のものです。